"助力乡村振兴，引领质量兴农"系列丛书

食用菌产品质量追溯

实用技术手册

中国农垦经济发展中心　组编

秦福增　韩学军　主编

中国农业出版社

农村读物出版社

北　京

丛书编委会名单

主　任：李尚兰

副主任：韩沛新　秦福增　陈忠毅　王　生

委　员：干玉山　黄孝平　林芳茂　李红梅

　　　　孙　娟　蔡基松　程维歧　钟思现

　　　　成德波　许灿光　黄　勇　韩学军

总策划：刘　伟

本书编写人员名单

主　　编：秦福增　韩学军

副 主 编：韩奕奕

编写人员（按姓氏笔画排序）：

王天硕　刘　阳　张　坤

张建光　陈　杨

　　中共十九大作出中国特色社会主义进入新时代的科学论断，我国社会主要矛盾已经转化为人民日益增长的美好生活需要和不平衡不充分的发展之间的矛盾，我国经济已由高速增长阶段转向高质量发展阶段。以习近平同志为核心的党中央深刻把握新时代我国经济社会发展的历史性变化，明确提出实施乡村振兴战略，深化农业供给侧结构性改革，走质量兴农之路。只有坚持质量第一、效益优先，推进农业由增产导向转向提质导向，才能不断适应高质量发展的要求，提高农业综合效益和竞争力，实现我国由农业大国向农业强国转变。

　　21世纪初，我国开始了对农产品质量安全追溯方式的探索和研究。近十年来，在国家的大力支持和各级部门的推动下，农产品质量安全追溯制度建设取得显著成效，成为近年来保障我国农产品质量安全的一种有效的监管手段。产业发展，标准先行。标准是产业高质量发展的助推器，是产业创新发展的孵化器。《农产品质量安全追溯操作规程》系列标准的发布实施，构建了一套从生产、加工到流通全过程质量安全信息的跟踪管理模式，探索出一条"生产有记录、流向可追踪、信息可查询、质量可追溯"的现代农业发展之路。为推动农业生产经营主体标准化生产，促进农业提质增效和农民增收，加快生产方式转变发挥了积极作用。

　　"助力乡村振兴，引领质量兴农"系列丛书是对《农产品质量安全追溯操作规程》系列标准的进一步梳理和解读，是贯彻落实乡村振兴战略、切实发挥农垦在质量兴农中的带动引领作用的基本举措，也是贯彻落实农业农村部质量兴农、绿色兴农和品牌强农要求的重要抓手。本系列丛书由中国农垦经济发展中心和中国农业出版社联合推出，对谷物、畜肉、水果、茶叶、蔬菜、小麦粉及面条、水产品、食用菌等大宗农产品相关农业

1

生产经营主体农产品质量追溯系统建立，以及追溯信息采集及管理等进行全面解读，并辅以追溯相关基础知识和实际操作技术，必将对宣贯农产品质量安全追溯标准、促进农业生产经营主体标准化生产、提高我国农产品质量安全水平发挥积极的推动作用。

本书秉持严谨的科学态度，在遵循《中华人民共和国农产品质量安全法》《中华人民共和国食品安全法》等国家法律法规以及现有相关国家标准的基础上，立足保安全、提质量的要求，着力推动农产品质量安全追溯工作向前发展。本书共分为两章：第一章为农产品质量安全追溯概述，主要介绍了农产品质量安全追溯的定义，国内外农产品质量安全追溯发展情况，以及农产品质量安全追溯的实施原则、实施要求等；第二章为 NY/T 3819—2020《农产品质量安全追溯操作规程　食用菌》的解读，并在内容解读的基础上提供了一些实际操作指导和实例分析，以期对食用菌生产经营主体的生产和管理具有指导意义。

限于编者的学识水平，加之时间匆忙，书中不足之处在所难免，恩请各位同行和读者在使用过程中予以指正并提出宝贵意见和建议。

编　者

2023 年 6 月

目 录

第一章
农产品质量安全追溯概述

随着工业化以及现代物流业的发展，越来越多的农产品是通过漫长而复杂的供应链到达消费者手中。由于农产品的生产、加工和流通往往涉及位于不同地点和拥有不同技术的生产经营主体，消费者通常很难了解农产品生产、加工和流通的全过程。在农产品对人们健康所造成风险逐渐增加的趋势下，消费者已经逐渐觉醒，希望能够通过一定途经了解农产品生产、加工与流通的全过程，希望加强问题农产品的回收和原因查询等风险管理措施。如何满足消费者最关切的农产品品质、安全卫生以及营养健康等需求，建立和提升消费者对农产品质量安全的信任，对于政府、生产经营主体和社会来说，都显示出日益重要的意义。自 20 世纪 80 年代末以来，全球农产品相关产业和许多国家的政府越来越重视沿着供应链进行追溯的可能性。建立农产品质量安全追溯制度，实现农产品的可追溯性，现在已经成为研究制定农产品质量安全政策的关键因素之一。

第一节　农产品质量安全追溯简介

一、农产品质量安全追溯的定义

从 20 世纪 80 年代末发展至今，农产品质量安全追溯制度在规范生产经营主体生产过程、保障农产品质量安全等方面的作用越来越明显。虽然农产品质量安全追溯制度得到了世界各国的认可与肯定，但至今尚未形成统一的概念。为提高消费者对农产品质量安全追溯的认识，进一步促进农产品质量安全追溯发展，需对农产品质量安全追溯这一术语进行界定。

"可追溯性"是农产品质量安全追溯的基础性要求，在对农产品质量安全追溯进行定义之前，应先厘清"可追溯性"这一基础概念。目前，"可追溯性"定义主要有欧盟、国际食品法典委员会（CAC）和日本农林水产省的定义。

欧盟将"可追溯性"定义为"食品、饲料、畜产品和饲料原料，在生产、加工、流通的所有阶段具有的跟踪追寻其痕迹的能力"。CAC 将"可追溯性"定义为"能够追溯食品在生产、加工和流通过程中任何指定阶段的能力"。日本农林水产省的《食品追踪系统指导手册》将"可追溯性"定义为"能够追踪食品由生产、处理、加工、流通及贩售的整个过程的相关信息"。

根据我国《新华字典》解释，追溯的含义是"逆流而上，向江河发源处走，比喻探索事物的由来"，顾名思义，农产品质量安全追溯就是对农产品质量安全信息的回溯。本书编者在修订 NY/T 1761—2009《农产品质量安全追溯操作规程　通则》过程中，结合当前我国农产品质量安全追溯工作特点，以及欧盟、CAC、日本农林水产省等对"可追溯性"的定义，将农产品质量安全追溯定义为"运用传统纸质记录或现代信息技术手段对农产品生产、加工、流通过程中的质量安全信息进行跟踪管理，对问题农产品回溯责任，界定范围"。

二、国外农产品质量安全追溯的发展

农产品质量安全追溯是欧盟为应对肆虐十年之久的疯牛病建立起来的一种农产品可追溯制度。随着经济的发展和人们生活水平的提高，人民群众对于安全农产品的呼声越来越高、诉求越来越强烈，且购买安全农产品的意愿越来越强。在全球化和市场化的背景下，农产品生产经营分工越来越细，从"农田到餐桌"的链条越来越长，建立追溯制度、保障食品安全不仅是政府的责任、从业者的义务，更是一种产业发展的趋势与要求。从国外农产品质量安全追溯建设情况来看，追溯体系建设主要通过法规法令制定、标准制定和系统开发应用 3 个层面进行推进。

（一）国外法规法令制定情况

欧盟、日本、美国等国家和地区通过制定相应法规法令明确规定了生产经营主体在追溯制度建设方面应尽的义务和责任。

1. 欧盟法规法令制定情况

欧盟为应对疯牛病问题，于 1997 年开始逐步建立农产品可追溯制度。按照欧盟有关食品法规的规定，食品、饲料、供食品制造用的家禽，以及与食品、饲料制造相关的物品，其在生产、加工、流通的各个阶段必须确立这种可追踪系统。该系统对各个阶段的主题作了规定，以保证可以确认以上的各种提供物的来源与方向。可追踪系统能够从生产到销售的各个环节追踪检查产品。2000 年，欧盟颁布的《食品安全白皮书》首次把"从田间到餐桌"的全过程管理纳入食品安全体系，明确所有相关生产经营者的责任，并引入危害分析与关键控制点（HACCP）体系，要求农产品生产、加工和销售等所有环节应具有可追溯性。2002 年，欧盟颁布的有关食品法规则进一步升级，不仅要求明确相关生产经营者的责任，还规定农产品生产经营主体生产、加工和流通全过程的原辅料及质量相关材料应具有可追溯性，以保证农产品质量安全。同时，该法规规定自 2005 年 1 月 1 日起，在欧盟范围内流通的全部肉类食品均应具有可追溯性，否则不允许进入欧盟市场流通。该法规的实施对农产品生产、流通过程中各关键环节的信息加以有效管理，并通过对这种信息的监控管理来实现预警和追溯，预防和减少问题的出现，一旦出现问题即可迅速追溯至源头。

2. 日本法规法令制定情况

日本紧随欧盟的步伐，于 2001 年开始实行并推广追溯系统。2003 年 5 月，日本颁布了《食品安全基本法》。该法作为日本确保食品安全的基本法律，树立了全程确保食品安全的理念，提出了综合推进确保食品安全的政策、制定食品供应链各阶段的适当措施、预防食品对国民健康造成不良影响等指导食品安全管理的新方针。在《食品安全基本法》的众议院内阁委员会的附带决议中，提出了根据食品生产、流通的实际情况，从技术、经济角度开展调查研究，推进能够追溯食品生产、流通过程的可追溯制度。2003 年 6 月，日本出台了《关于牛的个体识别信息传递的特别措施法》（又称《牛肉可追溯法》），要求对日本国内饲养的牛安装耳标，使牛的个体识别号码能够在生产、流通、零售各个阶段正确传递，以此保证牛肉的安全和信息透明。2009 年，日本又颁布了《关于米谷等交易信息的记录及产地信息传递的法律》（又称《大米可追溯法》），对大米及其加工品实施可追溯制度。

3. 美国法规法令制定情况

2001 年"9·11"事件后，美国将农产品质量安全的重视程度上升至国家层面。当年发布的《公共健康安全与生物恐怖应对法》要求，输送进入美国境内的生鲜农产品必须具有详尽的生产、加工全过程信息，且必须能在 4 小时内进行溯源。2004 年 5 月，美国食品和药物管理局（FDA）公布《食品安全跟踪条例》，以制度的形式要求本国所有食品企业和在美国从事食品生产、包装、运输及进口的外国企业建立并保存食品生产、流通的全过程记录，以便实现对其生产食品的安全性进行跟踪与追溯。2009 年，为进一步加强质量安全管理，美国国会通过了《食品安全加强法案》，要求一旦农产品、食品出现质量问题，从业者需要在两个工作日内提供完整的原料谱系，对可追溯管理提出了更加明确的要求。

（二）国外技术标准制定情况

在颁布法规法令强制推行农产品质量安全追溯制度的同时，为有效指导追溯体系建设，一些国家政府、国际组织先后制定了多项农产品追溯规范（指南），在实践中发挥了积极作用。

2003 年 4 月 25 日，日本农林水产省发布了《食品可追溯制度指南》。该指南成为指导各企业建立食品可追溯制度的主要参考。2010 年，日本农林水产省对《食品可追溯制度指南》进行修订，采用 CAC 的定义，即"可追溯"被定义为"通过登记的识别码，对商品或行为的历史和使用或位置予以追溯的能力"，进一步明确追溯制度原则性要求。美国、法国、英国、加拿大等国政府参照国际标准，结合本国实际情况，制定了相应技术规范或指南。

国际食品法典委员会（CAC）、国际物品编码协会（GS1）、国际标准化组织（ISO）等有关国际机构利用专业优势、资源优势，积极参与农产品追溯体系技术规范制定，为推动全球农产品质量安全追溯管理发挥了重要作用。CAC 权威解释了可追溯性的基本概念和基本要求；GS1 利用掌控全球贸易项目编码的优势，先后制定了《全球追溯标准》《生鲜产品追溯指南》《牛肉追溯指南》等多项操作指南，其追溯理念、编码规则被欧盟、日本、澳大利亚等多个国家和地区参照使用；2007 年，ISO 制定了 ISO 22005《饲料和食品链的可追溯性　体系设计与实施的通用原则和基本要求》，提出了食品/饲料供应链追溯系统设计的通用原则和基本需求，通过管理体系认证落实到从业者的具体活动中。

（三）国外追溯系统开发应用情况

随着信息化的发展，追溯体系必须依靠信息技术承担追溯信息的记录、传递、标识。从欧盟、美国、日本追溯体系具体建设看，农产品追溯系统的开发建设采用政府参与以及与企业自建相结合的模式推进追溯系统应用。法国在牛肉追溯体系建设中，政府负责分配动物个体编码、发放身份证、建立全国肉牛数据库，使法国政府能够精准掌握全国肉牛总量、品种、分布，时间差仅为一周；而肉牛的生产履历由农场主、屠宰企业、流通商按照统一要求自行记录。日本在牛肉制品追溯体系建设中，政府明确动物个体身份编码规则；农林水产省各个下级机构安排专人负责登记；国会拨付资金给相关协会、研究机构，承担全国性信息网络建设、牛肉甄别样品邮寄储存；饲养户、屠宰企业、专卖店自行承担追溯系统建设中信息采集、标签标识等方面的系统建设和标签标识支出，政府不予补贴。

三、我国农产品质量安全追溯的发展

为了提高我国农产品市场竞争力，扩大农产品贸易顺差，满足消费者对农产品质量的要求，我国于 2001 年开始实施"无公害食品行动计划"。该计划要求"通过健全体系，完善制度，对农产品质量安全实施全过程的监管，有效改善和提高我国农产品质量安全水平"。在一定意义上来说，"无公害食品行动计划"的实施拉开了我国农产品质量安全追溯研究的序幕。经过多年的探索与发展，已基本建立符合我国生产实际的追溯体系以及保障实施的法律法规、规章及标准，为我国农产品发展方向由增产向提质转变夯实基础。

（一）我国法律法规制定情况

2006 年，中央 1 号文件首次提出要建立和完善动物标识及疫病可追溯体系，建立农产品质量可追溯制度，其后每年中央 1 号文件均反复强调要建立完善农产品质量追溯制度。2006 年 11 月 1 日，《中华人民共和国农产品质量安全法》（以下简称《农产品质量安全法》）正式颁布施行。在农业生产档案记录方面，该法第二十四条明确规定："农产品生产企业和农民专业合作经济组织应当建立农产品生产记录，如实记载下列事项：（一）使用农业投入品的名称、来源、用法、用量和使用、停用的日期；（二）动物疫病、植物病虫草害的发生和防治情况；（三）收获、屠宰或者捕捞的日期。农产品生产记录应当保存两年。禁止伪造农产品生产记录。国家鼓励其他农产品生产者建立农产品生产记录。"在农产品包装标识方面，该法第二十八条明确要求："农产品生产企业、农民专业合作经济组织以及从事农产品收购的单位或者个人销售的农产品，按照规定应当包装或者附加标识的，须经包装或者附加标识后方可销售。包装物或者标识上应当按照规定标明产品的品名、产地、生产者、生产日期、保质期、产品质量等级等内容；使用添加剂的，还应当按照规定标明添加剂的名称。"2009 年 6 月 1 日，《中华人民共和国食品安全法》（以下简称《食品安全法》）正式施行。该法明确要求国家建立食品召回制度。食品生产企业应当建立食品原料、食品添加剂、食品相关产品进货查验记录制度和食品出厂检验记录制度；食品经营企业应当建立食品进货查验记录制度，如实记录食品的名称、规格、数量、生产批号、保质期、供货者名称及联系方式、进货日期等内容。2021 年 4 月 29 日修订的《食品安全法》明确规定："食品生产经营者应当依照本法的规定，建立食品安全追溯体系，保证食品可追溯。"我国农产品质量安全追溯上升至国家法律层面。

（二）我国相关部门文件及标准制定情况

1. 我国相关部门文件制定情况

为配合农产品质量安全追溯相关法律法规的实施，加快推进追溯系统建设，规范追溯系统运行，我国各级政府部门制定了农产品监管及质量安全追溯相关的文件。

2001 年 7 月，上海市政府颁布了《上海市食用农产品安全监管暂行办法》，提出了在流通环节建立"市场档案可溯源制"。2002 年，农业部发布第 13 号令《动物免疫标识管理办法》，该办法明确规定猪、牛、羊必须佩带免疫耳标并建立免疫档案管理制度。2003 年，国家质量监督检验检疫总局启动"中国条码推进工程"，并结合我国实际，相继出版了《牛肉产品跟踪与追溯指南》《水果、蔬菜跟踪与追溯指南》，国内部分蔬菜、牛肉产品开始拥有"身份证"。2004 年 5 月，国家质量监督检验检疫总局出台《出境水产品追溯规程（试行）》，要求出口水产品及其原料需按照规定标识。2011 年，商务部发布《关于"十二五"期间加快肉类蔬菜流通追溯体系建设的指导意见》（商秩发〔2011〕376 号），意见要求健全肉类蔬菜流通追溯技术标准，加快建设完善的肉类蔬菜流通追溯体系。2012 年，农业部发布《关于进一步加强农产品质量安全监管工作的意见》（农质发〔2012〕3 号），提出"加快制定农产品质量安全可追溯相关规范，统一农产品产地质量安全合格证明和追溯模式，探索开展农产品质量安全产地追溯管理试点"。为进一步加快建设重要产品信息化追溯体系，2017 年，商务部联合工业和信息化部、农业部等 7 部门联合发布《关于推进重要产品信息化追溯体系建设的指导意见》（商秩发〔2017〕53 号），《意见》要求以信息化追溯和互通共享为方向，加强统筹规划，健全标准体系，建设覆盖全国、统一开放、先进适用的重要产品追溯体系。2018 年，为落实《国务院办公厅关于加快推进重要产品追溯系统建设的意见》（国办发〔2015〕95 号），农业农村部和商务部分别印发了《农业农村部关于全面推广应用国家农产品质量安全追溯管理信息平台的通知》（农质发〔2018〕9 号）和《重要产品追溯管理平台建设指南（试行）》，旨在促进各追溯平台间互通互联，避免生产经营主体重复建设追溯平台。

2. 我国标准制定情况

为规范追溯信息采集内容，指导生产经营主体建立完善的追溯体系，保障追溯体系有效实施和管理，各行政管理部门以及相关企（事）业单位制定了系列标准。从标准内容来看，主要涉及体系管理、操作规程（规范、指南）等方面。

（1）体系管理类标准 2006 年参照 ISO 22000：2005，我国制定了 GB/T 22000—2006《食品安全管理体系 食品链中各类组织的要求》。2009 年参照 ISO 22005：2007，我国制定了 GB/T 22005—2009《饲料和食品链的可追溯性体系设计与实施的通用原则和基本要求》，追溯标准初步与国际接轨。2010 年，我国制定了 GB/Z 25008—2010《饲料和食品链的可追溯性 体系设计与实施指南》。此外，以 GB/T 22005—2009 和 GB/Z 25008—2010 为基础，国家质量监督检验检疫总局制定并发布了部分产品的追溯要求，如 GB/T 29373—2012《农产品追溯要求 果蔬》、GB/T 29568—2013《农产品追溯要求 水产品》、GB/T 33915—2017《农产品追溯要求 茶叶》。

（2）操作规程（规范、指南）类标准 2009 年，农业部发布了 NY/T 1761—2009《农产品质量安全追溯操作规程 通则》，并制定了谷物、水果、茶叶、畜肉、蔬菜、小麦粉及面条、水产品、蛋与蛋制品、乳与乳制品和食用菌 10 项农产品质量安全操作规程的农业行业标准。此外，农业部还制定了养殖水产品可追溯标签、编码、信息采集等水产行业标准。商务部制定了肉类蔬菜追溯城市管理平台技术、批发自助交易终端、手持读写终端规范，以及瓶装酒追溯与防伪查询服务、读写器技术、标签要求等国内贸易规范。中国科技产业化促进会发布了畜类和禽类产品追溯体系应用指南团体标准。

（3）其他标准 例如，为促进各追溯系统间数据互联共享，农业部制定了 NY/T 2531—2013《农产品质量追溯信息交换接口规范》；为规范农产品追溯编码、促进国际贸易，农业部制定了 NY/T 1431—2007《农产品追溯编码导则》等。

（三）我国农产品质量安全追溯系统开发应用情况

2008 年之前，我国农产品质量安全追溯系统还基本处于空白状态，可追溯管理要求主要通过完善生产档案记录来实现。2008 年之后，随着各级政府部门的大力推动，追溯管理理念逐步得到从业者认可，开发设计了形式多样、各具特点的追溯系统，追溯制度建设呈现出快速发展趋势。我国政府牵头组织运行的追溯平台包括中国产品质量电子监管网、国家重点食品物联网追溯系统、国家食品安全追溯平台、商务部肉菜流通及中药材追溯系统、农产品质量追溯系统、农垦农产品质量安全追溯系统、工信部食品工业企业质量安全追溯平台等，支持网站、短信、电话、二维码、商超内部电子机器等多种形式查询。

我国的食品质量安全追溯试点工作从 2000 年开始实践，其中肉类、蔬菜农产品的质量安全最先成为试点追溯对象。财政部、商务部于 2010 年确定了上海等 10 个城市为第一批试点城市，2011 年确定了第二批 10 个试点城市。上海于 2001 年率先提出了建立在食品流通环节"市场档案可溯源制"的食品质量安全追溯体系，并于 2013 年底最终建成，是我国落实和推行追溯制度较早的城市之一。北京市于 2003 年开始着力构建现代化保障体系，涵盖 45 类食品之多，设定质量安全目标并实施专项整治；2008 年，以保障奥运食品药品安全为契机进行进一步强化；2017 年，提出"技术创新计划"。青岛市作为首批试点城市之一，创新性推出"一六三"追溯体系，统一信息追溯平台，实施远程监控和质量检验等措施保障食品质量，并分不同流通领域进行管理。此外，江苏省、四川省、福建省、湖南省等相继推出当地的追溯体系。

四、实施农产品质量安全追溯的意义

实施农产品质量安全追溯，对于农产品质量监测、认证体系建设、贸易促进等方面具有积极的推动作用，具体表现在以下 5 个方面：

1. 有利于提高企业竞争力，保护生产经营主体的合法权益和积极性

在市场经济的框架下，部分企业为追求不正当利益，食品掺杂使假情况层出不穷；许多企业用心生产的合格产品被其他商家仿冒，企业每年花费在品牌形象维权上的成本占比很大。不仅造成了企业资源的浪费，还极大地挫伤了企业研发优质产品的积极性。通过建立农产品质量安全追溯系统，使得农产品从生产到销售全过程透明地面对社会，使得制假造假的商家无从下手，保障了生产经营主体的合法权益。

2. 有利于农产品质量问题原因的查找，降低生产经营主体损失

追溯体系可以起到对农产品安全"确责"与"召回"的作用。根据追溯信息，明确农产品安全责任的归属，确定负责人；明确不合格产品的批次，实现快速、准确召回。当农产品发生质量问题时，根据农产品生产、加工过程中原料来源、生产环境（包括水、土、大气）、生产过程（包括农事活动、加工工艺及其条件），以及包装、储存和运输等信息记录，从发现问题端向产业链源头回溯，逐一分析及排查，直至查明原因，有利于减少农业生产经营主体的经济损失。

3. 有利于认证体系的建设和实施，提高企业质量管理水平

目前，我国认证体系主要有企业认证和产品认证两类。其中，企业认证主要是规范生产过程，包括 ISO 系列的 ISO 9000、ISO 14000 等，危害分析与关键控制点（HACCP）、良好生产规范（GMP）和良好农业规范（GAP）等；产品认证不仅对生产过程进行规范，还对产品标准具有一定要求，包括有机食品、绿色食品和地理标志产品等。农产品质量安全追溯体系是对生产环境、生产、加工和流通全过程质量安全信息的跟踪和管理，这些内容也正是企业认证和产品认证的基础条件，从而保障了生产经营主体认证体系的建设和实施。

4. 保障消费者（采购商）知情权，提升消费者的信心

农产品质量安全追溯信息覆盖整个产业链，所有质量信息均可通过一定渠道或媒介向消费者或采购商提供；满足了消费者（采购商）的知情权，提高了消费者（采购商）的信心和购买意愿。

5. 有利于提升产品质量安全水平，增强竞争力

在农产品质量安全事件频发的今天，各国对于农产品质量的要求越来越高，对于农产品的准入也越来越严格。目前，欧盟、美国和日本均对进口农产品的可追溯性作出了一定要求。对于我国一个农产品生产大国来说，实施农产品质量安全追溯势在必行。农产品生产各环节的重要信息可传递、可查询、可追责，强化各环节责任主体对于农产品质量安全的责任意识，确保生产制造的农产品质量达标，切实提高中国农产品在国际市场的竞争力。

第二节　农产品质量安全追溯操作规程

在解读 NY/T 3819—2020《农产品质量安全追溯操作规程　食用菌》前，应首先明确何谓标准及其中的一个类型——操作规程。

一、标　　准

（一）标准的定义

标准是规范农业生产的重要依据，农业生产标准化已成为我国农业发展的重要目标之一。为保障农产品质量安全，我国不断加强法治建设，涉及农业生产的法律法规主要有《食品安全法》《农产品质量安全法》《农药管理条例》《兽药管理条例》等。

标准属于技术文件范畴，对法律、法规起到支撑作用。标准的定义是"为在一定范围内获得最佳秩序，经协商一致制定并由公认机构批准，共同使用的和重复使用的一种规范性文件"。对以上定义应有充分认识，才能正确解读标准，现分别解释如下。

1. "为在一定范围内获得最佳秩序"

"为在一定范围内获得最佳秩序"是标准制修订的目的。"最佳秩序"是各行各业进行有序活动、获得最佳效果的必要条件。因此，标准化生产是农业生产的必然趋势。依据辩证唯物主义观点，"最佳秩序"是目标，是有时间性的。某个时期制定的标准达到那个时期的最佳秩序，但以后发生客观情况的变化或主观认知程度的提高，已制定的标准不能达到最佳秩

序时，就应对该标准进行修订，以便达到最佳秩序。因此，在人类生产历史中，最佳秩序的内涵不断丰富，人类通过修订标准逐渐逼近最佳秩序。例如，NY/T 3819—2020《农产品质量安全追溯操作规程 食用菌》发布于 2020 年，该标准可规范食用菌生产的质量安全追溯，达到当时认知水平下的最佳秩序，并在发布后的若干年内，客观情况变化或主观认知水平上尚未认识到需要修改该标准。但随着社会的发展以及技术的更新，当标准中的某些内容不适用时，就需对该标准进行修订，以达到新形势下的最佳秩序。

2. "经协商一致制定"

"经协商一致制定"是标准制修订程序之一，是针对标准制修订单位的要求。标准和生产分别属于上层建筑和经济基础范畴，标准依据生产，又服务于生产。因此，制修订的标准既不可比当时生产水平低，拖生产后腿；又不可远超过当时生产水平，高不可及。标准制修订单位需要与生产部门、管理部门、科研院所和大专院校广泛交流，标准各项内容应协商一致，以便确保标准的先进性和可操作性，使标准的实施对生产起到应有的促进作用。

3. "由公认机构批准"

"由公认机构批准"是标准制修订程序之一。公认机构是指标准化管理机构，如国家标准化管理委员会。就我国而言，政府主导制定的标准分为国家标准、行业标准和地方标准，均须经过国家标准化管理委员会批准、备案后方可实施。就国际上而言，这种公认机构除政府部门外，还有联合国下属机构，如国际标准化组织（ISO）、联合国食品法典委员会（CAC）等；或者国际行业协会，如国际乳品联合会（IDF）等。只有公认机构批准发布的标准才是有效的。

4. "共同使用的和重复使用的"

标准的使用者是标准适用范围内的合法单位。例如，所有我国合法经营的食用菌生产企业均可使用 NY/T 3819—2020《农产品质量安全追溯操作规程 食用菌》。该标准也适用于所有我国合法经营食用菌的其他生产经营主体，如专业合作社等。该标准还可供食用菌生产经营主体共同使用，且在修订或作废之前是被重复使用的。除食用菌生产经营主体外，协助、督导、监管食用菌产品生产经营主体质量安全追溯工作的单位，如农业农村部和各地方管理部门、有关质量安全追溯监管机构也可应用该标准，帮助食用菌生产经营主体更好实施该标准。

5. "规范性文件"

"规范性文件"表明标准是用以详述法律和法规内容，具有法规性质，但它不是法规，而是属于技术文件范畴，是要求强制执行或推荐执行的规范性文件。

（二）标准的性质

就标准性质而言，标准分为强制性标准和推荐性标准，表示形式分别为标准代号中不带"/T"和带"/T"。例如，《农产品质量安全追溯操作规程　食用菌》是推荐性标准，其标准代号为 NY/T 3819—2020。推荐性标准是非强制执行的标准，但当没有其他标准可执行时，就必须按该标准执行。

（三）标准的分级

我国标准分为国家标准、行业标准、地方标准、团体标准和企业标准，由其名称可知其适用范围。级别最高的是国家标准，最低的是企业标准。同一标准若发布了国家标准，则比其级别低的其他标准自行作废。国家鼓励具有法人资格，且具备相应专业技术能力、标准化工作能力和组织管理能力的学会、协会、商会、联合会和产业技术联盟等社会团体制定团体标准，鼓励企业制定企业标准，但其内容要求应严于国家标准，且在团体和企业内部执行。

（四）标准的分类

从标准的应用角度，可将标准分为以下 6 种主要类型。

1. 限量标准

规定某类或某种物质在产品中限量使用的规范性文件，如 GB 2763—2021《食品安全国家标准　食品中农药最大残留限量》。

2. 产品标准

规定某类或某种产品的属性、要求以及确认的规则和方法的规范性文件，如 GB 7096—2014《食品安全国家标准　食用菌及其制品》、GB/T 23775—2009《压缩食用菌》、NY/T 749—2018《绿色食品　食用菌》。

3. 方法标准

规定某种检验的原理、步骤和结果要求的规范性文件，如 GB 5009.3—2016《食品安全国家标准　食品中水分的测定》、GB/T 15672—2009《食用菌中总糖含量的测定》、GB/T 12533—2008《食用菌杂质测定》。

4. 指南

规定某主题的一般性、原则性、方向性的信息、指导或建议的规范性文件，如 GB/T 14257—2009《商品条码　条码符号放置指南》。

5. 规范

规定产品、过程或服务需要满足的要求的规范性文件，如 GB/T 34318—2017《食用菌干制品流通规范》、GB/Z 35041—2018《食用菌产业项目运营管理规范》。

6. 规程

规定为设备、构件或产品的设计、制造、安装、维护或使用而推荐惯例或程序的规范性文件，如 NY/T 3819—2020《农产品质量安全追溯操作规程　食用菌》。

二、操作规程

操作规程是标准中最普遍的一种，它规定了操作的程序。例如，NY/T 3819—2020《农产品质量安全追溯操作规程　食用菌》规定食用菌生产经营主体实施质量安全追溯的程序以及实施这些程序的方法，其以章的形式叙述以下 11 个方面的内容。

（一）范围

范围包括两层含义：一是该标准包含的内容范围，即术语和定义、要求、追溯码编码、追溯精度、信息采集、信息管理、追溯标识、体系运行自查和质量安全问题处置；二是该标准规定的适用范围，即食用菌及其初级加工制品的质量安全追溯。

（二）规范性引用文件

列出的被引用文件经过标准条文的引用后，成为标准应用时必不可少的文件。文件清单中不注明日期的标准表示其最新版本（包括所有的修改单）适用于本标准。在 NY/T 3819—2020《农产品质量安全追溯操作规程　食用菌》中引用了 GB/T 12728《食用菌术语》、GB 7096《食品安全国家标准　食用菌及其制品》、NY/T 749《绿色食品　食用菌》和 NY/T 1761《农产品质量安全追溯操作规程　通则》，没有发布年号，其含义是引用现行有效的最新版本标准。

（三）术语和定义

所用术语和定义与 GB/T 12728《食用菌术语》、GB 7096《食品安全国家标准　食用菌及其制品》、NY/T 749《绿色食品　食用菌》和 NY/T 1761《农产品质量安全追溯操作规程　通则》相同。因此，不必在本标准中重复列出，只需引用 GB 7096、GB/T 12728、NY/T 749、NY/T 1761 界定的术语和定义即可。

（四）要求

在规定食用菌生产经营主体实施质量安全追溯程序以及实施方法之前，应先明确实施的必备条件，只有具备条件后才能实施操作规程。这些条件主要包括追溯目标、机构或人员、设备和软件、管理制度等内容。

（五）追溯码编码

编码方法是实施操作规程的具体程序和方法之一，此部分内容叙述整个产业链各个环节的编码方法。不同食用菌生产经营主体产业链不同，编码方法也不尽相同。例如，种植类的农业生产经营主体需从种植环节开始编码，而食用菌加工经营主体则需包括加工、生产和销售环节的编码。

（六）追溯精度

追溯精度是界定最小农产品质量安全责任的单位，追溯精度的确定关系到产品质量安全的影响范围。此部分内容叙述整个产业链中在种植、加工环节如何确定追溯精度。不同食用菌生产经营主体产业链不同，追溯精度也不尽相同。

（七）信息采集

信息采集是实施操作规程的具体程序和方法之一，此部分内容叙述整个产业链中各个环节的信息采集要求和内容。

（八）信息管理

信息管理是实施操作规程的具体程序和方法之一，此部分内容叙述信息采集后的审核和录入、传输、查询。

（九）追溯标识

追溯标识是实施操作规程后，在产品上体现追溯的表示方法。

（十）体系运行自查

体系运行自查是实施操作规程后，自行检查所用程序和方法是否达到预期效果；若须完善，则应采取改进措施。

（十一）质量安全问题处置

质量安全问题处置是实施操作规程后，一旦发生质量安全问题，应采取的处置方法，作为对实施操作规程的具体程序和方法的补充。

整个操作规程的内容除（一）范围外，（二）、（三）、（四）是必要条件，（五）、（六）、（七）、（八）是实施的程序和方法，（九）、（十）、（十一）是实施后的体现和检查处理。由此组成一个完整的操作规程。

第三节　农产品质量安全追溯实施原则

农产品质量安全追溯的实施原则是指导农产品质量安全追溯操作规程制修订的前提条件，也是保证农产品质量安全追溯规范、顺利进行的根本。这些原则体现在该标准的制修订和执行之中。

一、合法性原则

进入 21 世纪以来，随农产品外部市场竞争的加剧以及内部市场需求的增长，我国对农产品质量安全的重视程度上升到了一个新的高度，已经从法律、法规等层面作出相应要求。《食品安全法》《农产品质量安全法》《国务院办公厅关于加快推进重要产品追溯体系建设的意见》《农业农村部关于加快推进农产品质量安全追溯体系建设的意见》《农业农村部关于全面推广应用国家农产品质量安全追溯管理信息平台的通知》《关于农产品质量安全追溯与农业农村重大创建认定、农产品优质品牌推选、农产品认证、农业展会等工作挂钩的意见》等法律、法规以及相关部门文件都提出建立农产品质量安全追溯制度的要求。

农产品质量安全追溯的实施过程还应依据以下相关标准：

（一）条码编制

编制条码应依据 GB/T 12905—2019《条码术语》、GB/T 7027—2002《信息分类和编码的基本原则与方法》、GB 12904—2008《商品条码　零售商品编码与条码表示》及 GB/T 16986—2018《商品条码　应用标识符》等标准。具体到农产品，编制条码时还应依据 NY/T 1431—2007《农产品追溯编码导则》和 NY/T 1430—2007《农产品产地编码规则》等标准。

（二）二维码编制

编制二维码应依据 GB/T 33993—2017《商品二维码》。

二、完整性原则

该原则主要是追溯信息的完整性要求，体现在以下 2 个方面。

（一）过程完整性

追溯信息应覆盖食用菌生产、加工、流通全过程。追溯产品为食用菌鲜品时，追溯信息应包括菌种、栽培基质、栽培管理、投入品管理、环境条件、采收、包装、储存、销售等的信息。追溯产品为食用菌干品和食用菌粉时，除以上过程外，还应增加收购、加工、包装、储存、销售过程的信息。

（二）信息完整性

信息内容应包括所有涉及质量安全、责任主体、可追溯性 3 个方面的信息。

1. 各环节涉及的质量安全信息

追溯信息应覆盖生产、加工、流通全过程，同时还应与当前国家标准或行业标准相适应。

（1）生产环节 追溯信息应包含菌种制备信息：应采集菌种名称、来源、等级等信息；原材料信息：应采集栽培基质（主料、辅料）名称、来源、比例等信息；栽培管理信息：应采集栽培数量、起止日期、菌包培养（时间、条件）、基质发酵、发菌、出菇管理等信息；投入品管理信息：应采集栽培食用菌所用农药、清洗消毒剂等投入品的购入、使用信息，包括通用名、生产企业、生产许可证号、产品批次号（或生产日期）、采购人、购入日期、有效期、剂型、混配配方、稀释倍数、使用方式、使用量、使用频率和日期、安全间隔期、使用人等信息；环境条件信息：应采集温度、湿度、光照、通风等信息；采收信息：应采集采收时间、地点、采收人等信息；其他信息：包括栽培方式、用水水质、栽培基质（pH、检测）等信息。

（2）加工环节 采集应包括原料食用菌、加工用水、产品检验、包装、储运和销售等信息。原料食用菌应采集包括食用菌名称、品种、来源、数量、地点、日期、运输车船号、储存温度、湿度、储存起止日期、检验、产品批次。以干品为原料的还应采集处理方式、添加辅料等信息。

加工环节信息包括：

① 加工信息：设备名称、加工方式、关键加工参数（如时间、温度、湿度、辐照等）；

② 添加剂信息：包括通用名、生产企业、生产许可证号、批准文号、产品批次号（或生产日期）、使用时间、用量等；

③ 其他信息：包括食用菌加工用水（深井水及城镇自来水除外）、清洁方式等。检验环节应采集追溯码或产品批次号、产品标准、检验结果等信息。包装环节应采集追溯码或产品批次号、包装形式、包装材料、产品规格、标签使用记录（追溯码或产品批次号、日期、数量）等信息。储运环节应采集追溯码或产品批次号、数量、储存温度、湿度、储存起止日期、运输车船号等信息。销售环节应采集追溯码或产品批次号、销售日期、销售量、经销（采购）商、运输车船号等信息。

2. 涉及责任主体的信息

责任主体信息主要包括各环节操作时间、地点和责任人等。对于农药、栽培基质购买和使用应记录品名（通用名）生产厂商、生产许可证号、产品批准文号、产品批号、生产日期、休药期、时间、使用生产线、使用量和责任人等。对于加工环节，应记录加工时间、生产线名称、加工量、责任人等。

3. 可追溯性信息

可追溯性信息是上、下环节信息记录中有唯一性的对接内容，以保证实施可追溯。例如，栽培基质购买记录和使用记录上均有产品名称、生产厂商、批次号（或生产日期）；或用代码衔接，以确保所用基质辅料只能是某厂商生产的某批次产品。纸质记录的可追溯性保证了电子信息的可追溯性。

三、对应性原则

除记录信息的可追溯性外，还应在农产品质量安全追溯的实施过程中确保农产品质量安全追溯信息与产品的唯一对应。为此，应做到以下要求。

（一）各环节和单元进行代码化管理

各环节或单元的名称宜进行代码化管理，以便电子信息录入设备识别和信息传输。进行代码化管理时宜采用数字码，编制时应通盘考虑，既简单明了、容易识别，又不易混淆。

（二）纸质记录真实反映生产过程和产品性质

纸质记录内容仅反映生产过程和产品性质中与质量安全有关的内容，与此无关的农事活动和经营内容不应列入。

若食用菌生产经营主体的纸质记录除了质量安全追溯内容外，还有其他体系认证、产品认证或经营管理需记录，则不必制作多套表格，可以制作一套表格，在其栏目上标注不同符号，如星形符号（＊）、三角形符号（△）等，以表示以上不同类型用途的记录内容。纸质记录被录入追溯系统时，录入人员仅录入带有质量安全追溯符号的栏目内容即可。

（三）纸质记录和电子信息唯一对应

纸质记录与电子信息必须唯一性对应。要求电子信息录入人员收到纸质记录后需要做以下程序性工作：

1. 审核纸质记录的准确性、规范性

纸质记录是否有不准确之处，如农药未使用通用名、农药的使用量未用法定计量单位标注、未明确安全间隔期等；纸质记录的填写是否有不规范之处，如有涂改、空项等，发现后录入人员不得自行修改，应退回有关部门或人员修改。缺项的由制表人员修改表格，如农药生产企业的生产许可证号或批准文号、产品批号（或生产日期）等。若表格的栏目齐全，填写有误，则退回给填写人员，让其修改或重新填写。

2. 纸质记录准确录入电子设备

完成纸质记录审核后，信息录入人员应将纸质记录准确无误地录入追溯系统。同时，应有相关措施保障电子信息不篡改、不丢失。为此，应采取以下措施：

① 用于质量安全追溯的计算机等电子信息录入设备不允许兼用于其他经营管理。

② 录入人员设有权限，设置有个人登录密码。

③ 计算机等电子信息录入设备有杀毒软件，以免受到攻击。

④ 有外接设备定期备份、专用备份，如硬盘、光盘。

3. 核实录入内容

纸质记录录入后，信息录入人员应对录入内容与纸质记录的一致性进行核实；若不一致，则进行修改。

四、高效性原则

随着信息化的发展，运用现代信息技术对农产品从生产到消费实行全程可追溯管理。这既是农业信息化发展的重要趋势，也是新时期加强农产品质量安全管理的必然要求。从信息化角度分析，建立农产品质量安全追溯制度的本质要求就是综合运用计算机技术、网络技术、通信技术、编码技术、数字标识技术、传感技术、地理信息技术等现代信息技术对农产品生产、流通、消费等各个环节实行标识管理，记录农产品质量安全相关信息、生产者信息，以此形成顺向可追、逆向可溯的精细化质量管控系统，建立高效、精确、快捷的农产品质量安全追溯体系，全面提升农产品质量安全管控能力。

第四节　农产品质量安全追溯实施要求

为加深农业生产经营主体对农产品质量安全追溯的认识与理解，保障追溯体系顺利建设与实施，切实发挥农产品质量安全追溯在保质量、促安全等方面的作用，农业生产经营主体建设追溯体系之前，应先做好以下4个方面的准备工作。

一、制订农产品质量安全追溯实施计划

农业生产经营主体在建立追溯体系前应制订详尽的实施计划。实施计划主要包括以下内容：

（一）追溯产品

农业生产经营主体生产的全部产品都可实施农产品质量安全追溯时，则全部产品作为追溯产品。若有部分产品无法实施追溯，则不应将该部分产品列入追溯产品。例如，食用菌生产农民专业合作社的食用菌产品，部分是本合作社种植，部分是收购周边种植户，对种植户没有种植过程要求，或即使有要求但无法控制其生产全过程，则这部分收购的食用菌产品不列入追溯产品；食用菌加工企业的食用菌制品，部分是委托其他加工企业代工生产，且被委托的加工企业尚不具备可追溯条件，则尽管产品是同一品牌，也不能将被委托企业生产的产品列为追溯产品。

（二）追溯规模

估计追溯产品的年产量。确定追溯规模的依据是生产经营主体在正常环境和经营条件下的生产能力，不考虑不可抗力的发生，如极端天气等。

（三）追溯精度

追溯精度应合理确定，不应过细或过粗。食用菌生产经营主体若能对种植、生产等进行统一管理和信息采集，则追溯精度可以细化到栽培场所菇房（棚）或生产者（组）。追溯精度太细会增加追溯信息采集的工作量。

若生产经营主体的追溯精度过粗，也不合适，如食用菌生产基地不能对种植、生产等进行统一管理和信息采集，追溯精度不能到栽培场所菇房（棚）或生产者（组），而是设置为生产企业且不能再细分，则失去了追溯的意义。

（四）追溯深度

追溯深度依据追溯产品的销售情况进行确定。食用菌加工企业有直销店，则追溯深度为零售商；若无直销店，则追溯深度为批发商；若兼有直销店和批发商，或无法界定销售对象的销售方式，则追溯深度可定为初级分销商。

（五）实施内容

实施内容的全面性是保障追溯工作有效完成的基础，应包括满足农产品质量安全追溯工作要求的所有内容，如制度建设、追溯标签的形成、追溯技术的培训等。

（六）实施进度

实施进度的制定可以确保农业生产经营主体高效地完成追溯体系建设，避免追溯体系建设进展缓慢等问题。制定实施进度时，应充分考虑自身发展情况，结合现有基础，列出所有实施内容的完成期限以及相关责任主体。

二、配置必要的计算机网络设备、标签打印设备、条码读写设备等硬件及相关软件

采用信息化管理的生产经营主体应配置数量合适的计算机等电子信息设备。追溯系统建设前应先根据生产过程确定追溯精度，种植环节中每个精度应有一个信息采集点。例如，追溯精度为种植户，则每个种植户为信息采集点；若种植户组（内含若干种植户）为追溯精度，则种植户组为信息采集点。在加工环节中，每条生产线为一个信息采集点。另外，承担原料、中间产品、终产品检验的实验室设立一个信息采集点，成品包装、储存、运输为一个信息采集点，销售为一个信息采集点。由信息采集点决定所用计算机等电子信息录入设备数量，若每个信息采集点各自录入采集的信息，则所用计算机等电子信息设备数量与信息采集点数量一致；若每个信息采集点采集的信息统一录入，则仅需一套计算机等电子信息录入设备。

应配置标签打印设备、条码读写设备等专用设备。专用设备配置数量由农业生产经营主体所需标签打印数量确定。如果产品采用工业化生产线进行生产，或者追溯产品包装不适合粘贴纸质标签，应配置喷码、激光打印等专用设备。

配置的软件系统应涵盖所有可能影响产品质量安全的环节，确保采集的信息覆盖生产、加工、流通全过程的各个信息采集点，且满足追溯精度和追溯深度的要求。

三、建立农产品质量安全追溯制度

农业生产经营主体应依据自身追溯工作特点和要求，制定产品质量安全追溯工作规范、信息采集和系统运行规范、质量安全问题处置规范（产品质量安全事件应急预案）等以及与其配套的相关制度或文件（如产品质量控制方案），且应覆盖追溯体系建设、实施与管理的所有内容。

（一）产品质量安全追溯工作规范

产品质量安全追溯工作规范内容：一是制定目的、原则和适用范围；二是开展追溯工作的组织机构、人员与职责，以及保障追溯工作持续稳定进行的措施；三是实施方案以及工作计划的制订、实施；四是制度建设的原则和程序；五是相关人员培训计划、实施；六是质量安全追溯体系自查；七是产品质量安全事件的处置。

（二）信息采集及系统运行规范

信息采集及系统运行规范内容：一是追溯码的组成、代码段的含义及长度；二是信息采集点的设置；三是纸质记录内容的设计、填写和上传；四是电子信息的录入、审核、传输、上报；五是电子设备的安全维护要求和记录；六是系统运行的维护和应急处置；七是追溯标签的管理。

（三）产品质量安全事件应急预案

产品质量安全事件应急预案内容：一是编制目的、原则和适用范围；二是应急体系的组织机构和职责；三是应急程序；四是后续处理；五是应急演练及总结。

（四）产品质量控制方案

产品质量控制方案内容：一是编制目的、依据、方法以及适用范围；二是组织机构和职责；三是关键控制点的设置；四是质量控制目标及其临界值的确定；五是控制措施、监测、纠偏、验证和记录等。

四、指定部门或人员负责各环节的组织、实施和监控

具备一定规模的农业生产经营主体宜成立相关机构（质量安全追溯领导小组）或指定专门人员负责组织、统筹、管理追溯工作，并将追溯工作的全部内容分解到各部门或人员，明确其职责，做到既不重复又不遗漏。一旦发生问题，可依据职责找到相关责任人，避免相互推诿，便于问题查找以及工作改进。例如，生产记录表格的设计、制定、填写、录入或归档出现问题，可根据人员分工跟踪到直接责任人，并进行工作改进。

第二章

《农产品质量安全追溯操作规程 食用菌》解读

第一节 范　围

【标准原文】

1　范围

本标准规定了食用菌质量安全追溯术语和定义、要求、追溯码编码、追溯精度、信息采集、信息管理、追溯标识、体系运行自查和质量安全问题处置。

本标准适用于人工栽培的食用菌鲜品及其初级加工品的质量安全追溯操作和管理。

本标准不适用于野生食用菌、食用菌罐头、腌制食用菌、水煮食用菌、食用菌熟食制品、即食食用菌、食药用菌等产品的质量安全追溯操作和管理。

【内容解读】

1. 本标准规定内容

本标准规定的所有内容将在以下各节进行解读。

2. 本标准适用范围

本标准适用于人工栽培的食用菌鲜品及其初级加工品建立质量追溯系统及实际操作过程中的所有要求。

3. 本标准不适用范围

本标准既不适用于野生食用菌、食用菌罐头、腌制食用菌、水煮食用菌、食用菌熟食制品、即食食用菌、食药用菌等产品的质量安全追溯操作规程，也不适用于人工栽培的食用菌鲜品及其初级加工品的非质量安全追溯操作规程。

第二节 术语和定义

【标准原文】

3 术语和定义

GB 7096、GB/T 12728、NY/T 749 和 NY/T 1761 界定的以及下列术语和定义适用于本文件。

3.1

食用菌 edible mushroom

可食用的大型真菌。子实体多为担子菌，如双孢蘑菇、香菇、平菇、草菇、金针菇、真姬菇、木耳、牛肝菌等。

3.2

食用菌鲜品 fresh edible mushroom

经过挑选或预冷、冷冻和包装的新鲜食用菌产品。

3.3

食用菌初级加工品 primary processed edible mushroom products

以食用菌鲜品为主要原料，通过清洗、挑选、切割、预冷、干燥、粉碎、分级、包装等简单加工处理制成的食用菌产品，包括食用菌干品和食用菌粉。

3.3.1

食用菌干品 dried edible mushroom

以食用菌鲜品为原料。经自然晾晒、热风干燥、冷冻干燥等工艺加工而成的食用菌脱水产品，以及再经压缩成型、切片、粉碎等工艺加工而成的食用菌产品，如压缩食用菌、食用菌干片、食用菌颗粒等。

3.3.2

食用菌粉 edible mushroom powder

以食用菌干品为原料，经研磨、粉碎等工艺加工而成的粉状食用菌产品。

3.4

栽培 cultivation

人工培育食用菌子实体的过程。

3.5

主料 mainsubstrate

以满足食用菌生长发育所需要的碳源为主要目的的原料。多为木质纤维素类的农林副产品，如木屑、玉米芯、棉籽壳、麦秸、稻草等。

3.6

辅料　supplement

以满足食用菌生长发育所需要的有机氮源为主要目的的原料。多为较主料含氮量高的糠、麸、饼肥、鸡粪、大豆粉、玉米粉等。

【内容解读】

1. GB 7096 界定的术语和定义

GB 7096—2014《食品安全国家标准　食用菌及其制品》内容包括术语和定义、技术要求，对食用菌及其制品的定义、原料要求、感官要求、理化指标、污染物限量、农药残留限量、微生物限量和食品添加剂等内容作了规定，是行政部门开展监管的重要依据和执行标准。

GB 7096—2014 确定的术语和定义有以下 5 条：

（1）食用菌　可食用的大型真菌。多数为担子菌，如双孢蘑菇、香菇、草菇、牛肝菌等。少数为子囊菌，如羊肚菌、块菌等。

（2）食用菌制品　以食用菌为主要原料，经相关工艺加工制成的食品，包括干制食用菌制品、腌制食用菌制品等、即食食用菌制品等。

（3）干制食用菌制品　以食用菌为主要原料，经预处理、干燥等工艺制成的食用菌制品。

（4）腌制食用菌制品　以食用菌为主要原料，经预处理、腌渍等工艺制成的食用菌制品。

（5）即食食用菌制品　以食用菌为主要原料，经相关工艺加工制成可直接食用的食用菌制品。

2. GB 12728 界定的术语和定义

GB/T 12728—2006《食用菌术语》适用于食用菌的科研、教学、生产和加工，规定了食用菌形态结构、生理生态、遗传育种、菌种生产、栽培、病虫害和保藏加工等方面有关的术语。

GB/T 12728—2006 界定的术语和定义有以下 27 条：

（1）真菌（fungus）　一类营异养生活，不进行光合作用；具有真核细胞；营养体为单细胞或丝状菌丝；细胞壁含有几丁质或纤维素；具有无性或有性繁殖特征的生物。

（2）大型真菌（macrofungus）　子实体肉眼可见，徒手可采的真菌。

（3）蘑菇（mushroom）　大型真菌的俗称，见大型真菌。按用途分为食用菌、药用菌、有毒菌和用途未知菌四大类。多数为担子菌，少数为子囊菌。

（4）食用菌（edible mushroom） 可食用的大型真菌。常包括食药兼用和药用大型真菌。多数为担子菌，如双孢蘑菇、香菇、草菇、牛肝菌等；少数为子囊菌，如羊肚菌、块菌等。

（5）药用菌（medicinal mushroom） 特指具药用价值并收入《中国药典》的大型真菌。如灵芝。

（6）担子菌（basidiomycete） 有性孢子外生在担子上的真菌，如银耳，香菇等。

（7）子囊菌（ascomycete） 有性孢子内生于子囊的真菌，如羊肚菌、块菌、虫草等。

（8）伞菌（agaric） 泛指子实体伞状大型真菌，如牛肝菌、金针菇等。

（9）胶质菌（jelly fungus） 泛指子实体胶质的大型真菌，如木耳、银耳等。

（10）霉菌（mould） 具管状菌丝营养体并产生大量孢子的小型真菌。

（11）放线菌（actinomycete） 分枝丝状的单细胞原核生物。

（12）酵母菌（yeast） 营出芽繁殖的单细胞真菌。

（13）细菌（bacterium） 以裂殖方式繁殖的单细胞原核生物。

（14）病毒（virus） 营专性寄生生活无细胞结构具核酸和蛋白质的生物。完全依靠寄主细胞代谢系统进行繁殖。

（15）类病毒（viroid） 营专性寄生生活无细胞结构的核酸大分子。完全依靠寄主细胞代谢系统进行繁殖。

（16）朊病毒（prion） 一种只由蛋白质组成的具有传染性的致病因子。

（17）微生物（microorganism） 只有借助于显微镜才能观察到个体结构的微小或超微小的生物类群，包括细菌、放线菌、真菌、支原体、病毒、类病毒、朊病毒等。

（18）生物量（biomass） 培养基质中所有生长的培养物的总量，也称生质。

（19）培养（culture） 在一定环境条件下，用人工培养基使微生物成长繁殖。食用菌生产中特指创造适宜条件使菌丝生长的过程。

（20）纯培养（pure culture） 只让单一微生物生长繁殖的培养或只有单一微生物的培养物。

（21）继代培养（subculture） 通过移植培养使物种得以延续的方法。

（22）培养基（medium） 具有适宜的理化性质，用于微生物培养的基质。

（23）完全培养基（complete medium） 添加蛋白胨、酵母膏或马铃薯浸出物等天然物质的培养基。

（24）选择性培养基（selective medium） 适用于分离和培养特定微生物的培养基。

（25）合成培养基（synthetic medium） 全部由已知化学成分组成的培养基。

（26）转化率（converted efficiency） 单位质量培养料的风干物质所培养产生出的子实体或菌丝体风干干重，常用百分数表示。例如，风干料 100 kg 产生了风干子实体 10 kg，即转化率为 10%。

（27）生物学效率（biological efficiency） 单位质量培养料的风干物质所培养产生出的子实体或菌丝体质量（鲜重），常用百分数表示。例如，风干料 100 kg 产生了新鲜子实体 50 kg，即生物学转化率为 50%。

3. NY/T 749—2018 界定的术语和定义

NY/T 749—2018《绿色食品 食用菌》规定了绿色食品食用菌的术语和定义、要求、检验规则、标签、包装、运输和储存。

NY/T 749—2018 界定的术语和定义有以下 4 条：

（1）食用菌鲜品（fresh edible mushroom） 经过挑选或预冷、冷冻和包装的新鲜食用菌产品。

（2）食用菌干品（dried edible mushroom） 以食用菌鲜品为原料，经热风干燥、冷冻干燥等工艺加工而成的食用菌脱水产品，以及再经压缩成型、切片、粉碎等工艺加工而成的食用菌产品，如压缩食用菌、食用菌干片、食用菌颗粒等。

（3）食用菌粉（edible mushroom powder） 以食用菌干品为原料，经研磨、粉碎等工艺加工而成的粉状食用菌产品。

（4）杂质（extraneous matter） 除食用菌以外的一切有机物（包括非标称食用菌以外的杂菌）和无机物。

4. NY/T 1761 界定的术语和定义

NY/T 1761《农产品质量安全追溯操作规程 通则》是农产品质量安全追溯操作的通用准则，内容包括术语与定义、实施原则与要求、体系实施、信息管理、体系运行自查和质量安全问题处置，对全国范围内农产品质量安全追溯体系的建设及有效运行起到了重要作用。NY/T 1761 是产品类标准制定的基础，为各产品类农产品质量安全追溯操作规程的制定起到了指导性作用。

NY/T 1761 界定的术语和定义有以下 8 条：

（1）农产品质量安全追溯（quality and safety traceability of agricultural products) 运用传统纸质记录或现代信息技术手段对农产品生产、加工、流通过程的质量安全信息进行跟踪管理,对问题农产品回溯责任,界定范围。

（2）追溯单元（traceability unit） 在农产品生产、加工、流通过程中不再细分的单个产品或批次产品。

（3）追溯信息（traceability information） 可追溯农产品生产、加工、流通各环节记录信息的总和。

（4）追溯精度（traceability precision） 可追溯农产品回溯到产业链源头的最小追溯单元。

（5）追溯深度（traceability depth） 可追溯农产品能够有效跟踪到的产业链的末端环节。

（6）组合码（combined code） 由一些相互依存并有层次关系的描述编码对象个同特性代码段组成的复合代码。

（7）层次码（layer code） 以编码对象集合中的层次分类为基础,将编码对象编码成连续且递增的代码。

（8）并置码（coordinate code） 由一些相互独立的描述编码对象不同特性代码段组成的复合代码。

【实际操作】

1. 食用菌

食用菌是指子实体硕大、可供食用的蕈菌（大型真菌），通称为蘑菇。中国已知的食用菌有 350 多种,其中多属担子菌亚门,常见的有香菇、草菇、木耳、银耳、猴头、竹荪、松口蘑（松茸）、口蘑、红菇、灵芝、虫草、松露、白灵菇和牛肝菌等;少数属于子囊菌亚门,其中有羊肚菌、马鞍菌、块菌等。上述真菌分别生长在不同的地区、不同的生态环境中。

2. 食用菌栽培

食用菌栽培方法是蔬菜栽培的一种方法。它是以人工创造适宜的温度、光照、水分、养分、气体等条件,并在人工配制的培养基质上培育大型食用菌的方法。食用菌属于真菌门担子菌纲,没有叶绿素,不能制造有机物供养自身,必须从其他生物或生物遗体或排泄物中吸取现成的养分。

常用培养基有植物秸秆、牲畜粪便、树干等。栽培的主要内容是培养优良菌种,配制和准备适宜的培养基,在适宜季节和场所人工接种,调节适宜的环境条件,防治病虫害和杂菌。食用菌与一般蔬菜相比含有较高的蛋白质、多种氨基酸和维生素,营养价值很高。食用菌产业近年来发展十分迅速。食用菌栽培主要有草菇、香菇、黑木耳、平菇、银耳、猴头菌等栽培。

3. 真菌

真菌，是一种具真核的、产孢的、无叶绿体的真核生物，包括霉菌、酵母、蕈菌及其他人类所熟知的菌菇类。目前，已经发现了 12 万多种真菌。真菌独立于动物、植物和其他真核生物，自成一界。真菌的细胞含有甲壳素，能通过无性繁殖和有性繁殖的方式产生孢子。

4. 大型真菌

大型真菌是菌物中形成大型子实体的一类真菌，泛指广义上的蘑菇或蕈菌。大型真菌是指能形成肉质或胶质的子实体或菌核，大多数属于担子菌亚门，少数属于子囊菌亚门。大型真菌生长在基质上或地下的子实体的大小足以让肉眼辨识和徒手采摘。大型真菌是菌物中的一个重要类群，很多种类具有较高的营养价值和药用价值，是菌物中最有开发应用前景的一类。

5. 双孢蘑菇

双孢蘑菇，又叫白蘑菇、洋蘑菇，隶属于伞菌目伞菌科蘑菇属，是世界上人工栽培较广泛、产量较高、消费量较大的食用菌品种；很多国家都有栽培，其中我国总产量占世界第二位。近年来，随着食用菌产业的快速发展，双孢蘑菇的产量也在逐年增加，成为许多地区农民增收的支柱产业。随着人民生活水平的提高，对蘑菇周年消费需求不断增加，双孢蘑菇的工厂化栽培也已实现。

6. 药用菌

广义的药用菌指一切可以用于制药的菌物，狭义指用于医药的大型真菌（蕈菌）。目前，野生的有冬虫夏草、蝉花、雷丸、安络皮伞等；人工栽培的有灵芝、茯苓、猪苓、桑黄、木耳、云芝等。这些药用菌在我国都有上千年的应用历史，它们虽功效不同，但拥有一个共同点，也是它们最大的优点，就是无毒副作用。近代医学研究表明，它们不仅有传统的益气、强身、祛病、通经、益寿等功能，还具有增强人体免疫力的功效。许多食用菌兼具有药用价值。

7. 担子菌

担子菌门是由多细胞的菌丝体组成的有机体，菌丝均具横隔膜。担子菌最大特点是可形成担子、担孢子。现代分类学将担子菌亚门分为 4 个纲：层菌纲（如银耳、木耳、双孢蘑菇、灵芝等）、腹菌纲（如马勃、鬼笔等）、锈菌纲和黑粉菌纲（如玉米黑粉）。

8. 子囊菌

子囊菌是能产生子囊的菌类的总称。根据爱因渥思（C. Ai-nsworth）

和比斯贝（G. R. Bisby）的统计，共有1 950属15 000种。除单细胞的酵母菌外，营养体所谓菌丝中有隔膜。通过有性繁殖，在子囊中产生子囊孢子；并且菌丝组成菌丝体，形成含有子囊的子实体。

子囊菌有以下3种：不形成子囊果的原子囊菌纲；在假囊壳中形成双层壁子囊的腔菌纲；在各种子囊果中形成单壁子囊的真子囊菌纲。

9. 伞菌

伞菌一般指具有菌盖和菌柄的肉质腐生菌类。多种伞菌可供食用，如香菇、双孢蘑菇、草菇等；少数种类有毒，如毒鹅膏菌、奥来丝膜菌。

伞菌泛指肉质伞状真菌，既包括鸡油菌目、蘑菇目，也包括红菇目和牛肝菌目的真菌。

10. 胶质菌

胶质菌，泛指子实体属胶质的蕈菌（大型真菌）类。

胶质菌包括木耳目（黑木耳、毛木耳、皱木耳、紫木耳、网脉木耳、大光木耳）、银耳目（银耳、金耳、血耳）、花耳目、盘菌目（林地粪碗）、地衣（石耳、地耳、发菜）等。

11. 霉菌

霉菌是真菌的一种，其特点是菌丝体较发达、无较大的子实体。同其他真菌一样，也有细胞壁，寄生或腐生方式生存。霉菌有的能使食品转变为有毒物质；有的可能在食品中产生毒素，即霉菌毒素。自从发现黄曲霉毒素以来，霉菌与霉菌毒素对食品的污染日益引起人们重视；其对人体健康造成的危害极大，主要表现为慢性中毒、致癌、致畸、致突变作用。

霉菌菌落的特征：

① 形态较大，质地疏松，外观干燥，不透明，呈现或松或紧的形状。

② 菌落和培养基间的连接紧密，不易挑取；菌落正面与反面的颜色、构造，以及边缘与中心的颜色、构造常不一致。

③ 霉菌的菌丝有营养菌丝和气生菌丝的分化，而气生菌丝没有毛细管水；故它们的菌落必然与细菌或酵母菌的不同，较接近放线菌。

12. 放线菌

放线菌是原核生物中一类能形成分枝菌丝和分生孢子的特殊类群，呈菌丝状生长，主要以孢子繁殖，因菌落呈放射状而得名。大多数有发达的分枝菌丝。菌丝纤细，宽度近于杆状细菌，约$0.2\sim1.2\ \mu m$。可分为营养菌丝，又称基内菌丝或一级菌丝，主要功能是吸收营养物质，有的可产生不同的色素，是菌种鉴定的重要依据；气生菌丝，叠生于营养菌丝上，又称二级菌丝；孢子丝，气生菌丝发育到一定阶段，其上可以分化出形成孢子的菌丝。

13. 酵母菌

酵母菌是一种单细胞真菌，并非系统演化分类的单元。一种肉眼看不见的微小单细胞微生物，能将糖发酵成酒精和二氧化碳，分布于整个自然界，是一种典型的异养兼性厌氧微生物，在有氧和无氧条件下都能够存活，是一种天然发酵剂。

酵母菌是人类文明史中被应用得最早的微生物，目前已知有1000多种酵母菌。根据酵母菌产生孢子（子囊孢子和担孢子）的能力，可将酵母菌分成3类：形成孢子的株系，可分属于子囊菌和担子菌；不形成孢子但主要通过出芽生殖来繁殖的称为不完全真菌，或者叫"假酵母"（类酵母）。

14. 细菌

细菌是生物的主要类群之一，属于细菌域；也是所有生物中数量最多的一类。细菌的形状相当多样，主要有球状、杆状及螺旋状。细菌也对人类活动有很大的影响。一方面，细菌是许多疾病的病原体，具有较强的传染性，可以通过各种方式如接触消化道、接触呼吸道、昆虫叮咬等在人体间传播疾病，对社会危害极大。另一方面，人类也时常利用细菌，如乳酪及酸奶的制作、部分抗生素的制造、废水的处理等，都与细菌有关。在生物科技领域中，细菌也有着广泛的运用。

15. 类病毒

类病毒，又称感染性RNA、病原RNA、壳病毒，是一种与病毒相似的感染性颗粒。类病毒是一类环状闭合的单链RNA分子，分子量约105Da（"真病毒"为106～108Da），含246～401个核苷酸。类病毒仅为裸露的RNA分子，棒状结构，无衣壳蛋白及mRNA活性。为了与病毒加以区分，故命名为类病毒。在天然状态下，类病毒RNA以高度碱基配对的棒状结构形式存在。类病毒能耐受紫外线和作用于蛋白质的各种理化因素，如蛋白酶、胰蛋白酶、尿素等，不被蛋白酶或脱氧核糖核酸（DNA）酶破坏，但对RNA酶极为敏感。

类病毒与病毒不同的是，类病毒没有蛋白质外壳，为共价闭合的单链RNA分子，呈棒状结构。这与朊病毒相反，由一些碱基配对的双链区和不配对的单链环状区相间排列而成。

16. 朊病毒

朊病毒又称朊粒、蛋白质侵染因子、毒朊或感染性蛋白质，是一类能侵染动物并在宿主细胞内无免疫性疏水蛋白质。

朊是蛋白质的旧称，朊病毒意思就是蛋白质病毒。严格来说，朊病毒不是病毒，是一类不含核酸而仅由蛋白质构成的具感染性的因子。

17. 培养基

培养基是指供给微生物、植物或动物（或组织）生长繁殖的，由不同营养物质组合配制而成的营养基质。一般都含有碳水化合物、含氮物质、无机盐（包括微量元素）、维生素和水等。培养基既是提供细胞营养和促使细胞增殖的基础物质，也是细胞生长和繁殖的生存环境。

培养基种类很多，根据配制原料的来源可分为自然培养基、合成培养基、半合成培养基；根据物理状态可分为固体培养基、液体培养基、半固体培养基；根据培养功能可分为基础培养基、选择培养基、加富培养基、鉴别培养基等；根据使用范围可分为细菌培养基、放线菌培养基、酵母菌培养基、真菌培养基等。培养基配成后一般需测试并调节 pH，还须进行灭菌，通常有高温灭菌和过滤灭菌。培养基由于富含营养物质，易被污染或变质。配好后不宜久置，最好现配现用。

18. 完全培养基

基础培养基添加血清、抗生素等物质后，叫完全培养基，也叫（血清）细胞培养基。基础培养基只能维持细胞生存，要想使细胞生长和繁殖，还需添加天然培养基。常用的是牛血清，因为牛血清中含有促细胞增殖的各种生长因子和其他多种有利于细胞生存的物质。此外，为防止污染，培养液中尚需加一定量的抗生素。完全培养基根据添加血清量的多少，可分为细胞生长培养基和细胞维持培养基，用于不同细胞和不同研究。

19. 选择性培养基

选择性培养基，是指根据某种（类）微生物特殊的营养要求或对某些特殊化学、物理因素的抗性而设计的，能选择性区分这种（类）微生物的培养基。利用选择性培养基，可使混合菌群中的某种（类）微生物变成优势种群，从而提高该种（类）微生物的筛选效率。例如，以纤维素为唯一碳源的培养基可用于筛选纤维素降解菌；无氮培养基只能供有固氮能力的菌生长，是固氮菌的选择性培养基；pH5.0～5.5 的培养基有利于真菌的生长，而中性或微碱性的培养基对细菌和放线菌生长更有利；在培养基中加入特定的染料或抗生素抑制某些菌的生长，也可提高培养基的选择性，对于筛选菌种具有重要的实践意义。

20. 合成培养基

合成培养基，又称为综合培养基，指根据目标培养物所需营养物质的种类和数量，精确设计并由已知成分的纯化学药品人工配制而成的，可精确掌握各成分性质和数量的一类培养基。一般用于研究微生物的形态、营养代谢、分类鉴定、菌种选育、遗传分析等。常用的合成培养基有培养细菌的葡萄糖铵盐培养基，培养放线菌的高氏 1 号培养基，培养真菌的查氏培养基等。

21. 追溯单元

追溯单元为农产品生产、加工、流通过程中不再细分的管理对象。

农产品生产、加工、流通过程中具有多个工艺段。这些工艺段可以是技术型的，也可以是管理型的，统称为管理对象。其划分的粗细按其技术条件或管理内容而分，一个追溯单元内的个体具有共同的技术条件或管理内容。例如，在食用菌栽培过程中，若每个栽培户不能处于相同的栽培条件下，则追溯单元为每个栽培户；若不同的栽培户组能够实施统一管理（菌包培养、基质发酵、发菌、出菇、农药、清洗消毒剂等皆一致），则追溯单元为栽培户组。

一个追溯单元有一套记录，适用于该追溯单元内的每个个体。追溯单元的划分是确定追溯精度的前提。

22. 批次

批次为由一个或多个追溯单元组成的集合，常用于产品批次。尽管每个追溯单元具有自己的技术条件或管理内容，且有别于其他追溯单元。但农产品生产、加工、流通过程是连续的物流过程，可分为多个阶段。当一个追溯单元的产品进入下一个阶段时，因技术条件或管理内容而不得不与其他追溯单元的产品混合时，就形成混合产品，即成为批次。例如，当食用菌采收后，如果不同的栽培户组的食用菌能够实现分批加工，则一个栽培户组的食用菌可作为一个批次；若不能实现分批加工，则多个栽培户组的食用菌混合为一个批次。

批次可作为追溯精度。

23. 记录信息

记录信息是指农产品生产、加工、流通中任何环节记录的信息内容。生产经营主体在管理中应根据《中华人民共和国农产品质量安全法》做好记录。需记录的内容应包括与产品质量安全有关的信息，如生产资料的技术内容、工艺条件等；也包括与产品质量安全无关的信息，如职工的工作量、生产资料的收购价等。前者可用于质量安全追溯；后者则不可用于质量安全追溯，仅用于经营管理。生产经营主体为了记录方便，往往将这两方面内容列为一个记录，而不分别记录。

24. 追溯信息

追溯信息为具备质量安全追溯能力的农产品生产、加工、流通各环节记录信息的总和，即可用于质量安全追溯的记录信息。依据质量安全追溯的内容，即确定追溯产品的来源、质量安全状况、责任主体，追溯信息应满足该内容的要求。因此，追溯信息应包括以下 3 个方面内容：

（1）环节信息 即信息是记录在哪一环节。环节的划分依据如下：

① 生产组织形式的反映。例如，农药购入由单独的部门完成，然后分发给农药使用者，则农药购入和农药使用为 2 个环节；若农药使用者自行购入农药，则农药购入和农药使用合为一个环节。

② 相同技术条件或管理内容的部门可归为一个环节。例如，各栽培户统一进行管理，具有相同的技术条件或管理内容，可合并为一个环节。

③ 结合追溯精度，可以细分或粗分。环节信息应具体并唯一地反映该环节，表达方式可用汉字或数字（应在质量安全追溯制度中写明该数字的含义）。例如，第 1 栽培户第 2 号棚或 1-02。

（2）责任信息 即时间、地点、责任人，以便发生质量安全问题时可依此确定责任主体。其中，责任人包括质量安全追溯工作的责任人以及生产投入品供应企业责任人（该企业名称）。

（3）要素信息 该环节技术要素或管理要素的反映。要素信息应满足质量安全追溯的要求，如使用的农药品名、剂型、稀释倍数、使用量、使用方法、安全间隔期等。

25. 追溯精度

（1）追溯精度定义 农产品质量安全追溯中可追溯到产业链源头的最小追溯单元。这最小追溯单元基于生产实践。目前，生产水平和管理方式尚未完全摆脱粗放模式的影响。生产经营主体的记录可精确到栽培场所菇房（棚）或生产者（组）等。

（2）确定追溯精度的原则 生产经营主体可依据自身生产管理现状，为满足追溯精度要求，对组织机构、工艺段和工艺条件作出小幅度更改；但不必为追求更小的追溯精度花费大量资金及人力，以致影响经济效益。因此，全国范围内食用菌生产经营主体的质量安全追溯的模式不完全相同，各有符合各主体的特色。追溯精度也如此，各生产经营主体的追溯精度可以不同。追溯精度的放大和缩小各有利弊。

① 追溯精度放大的优点是管理简单、记录减少。例如，食用菌生产经营主体的追溯精度确定为某栽培户组，则该栽培户组栽培食用菌的栽培基质（主料、辅料）、栽培管理条件、农药使用、清洗消毒剂使用、采收、仓储等均为统一；该栽培户组内生产人员可随时换岗；追溯信息的记录只需一套；运输时，该栽培户组的食用菌可以随意混运；加工企业的库房不必分区；加工成的产品可以混合。总之，只要是出自同一栽培户组的食用菌、加工后的产品均可混合，便于生产和管理。但其缺点是一旦发生质量安全问题，查找原因、责任主体、改进工作与奖惩制度的执行都较困难。

再则，发生质量安全问题的产品数量大，涉及的批发商或零售商多，召回的经济损失及对企业的负面影响较大。

② 追溯精度缩小的优缺点正好与之相反。因此，在管理模式和生产工艺不作重大变更的前提下，合理确定追溯精度是每个生产经营主体实施质量安全追溯前必须慎重解决的问题。

鉴于以上所述优缺点，一般来说，产品质量安全可控性强、管理任务又较繁重的企业，追溯精度可以适当放大；而产品质量安全可控性差、管理任务又不太繁重的企业，追溯精度可以适当缩小。

另外，随着国内外贸易的扩展和质量安全追溯的深化，加工企业应改进管理和工艺，使追溯精度更小。当加工企业工艺变化或销售方式变化影响产品可追溯性时，应及时通知生产经营主体对追溯精度作出相应变化，以便追溯工作的实施与管理；从而促使追溯精度与实际生产过程相匹配，推进质量安全追溯发展，赢得消费者的赞赏。

26. 追溯深度

追溯深度为农产品质量安全追溯中可追溯到的产业链的最终环节。以生产经营主体作为质量安全追溯的主体，追溯深度有以下 5 类：

（1）加工企业　实施质量安全追溯的食用菌生产经营主体，其可追溯的食用菌销售给食用菌加工企业，追溯深度为食用菌加工企业；或实施质量安全追溯的加工企业，其可追溯食用菌或其他食用菌产品销售给食品加工企业，如食用菌干品生产企业，追溯深度为食品加工企业。

（2）批发商　实施质量安全追溯的食用菌生产经营主体或加工企业，其追溯产品销售给批发商，追溯深度则为批发商。

（3）分销商　实施质量安全追溯的加工企业，其追溯产品销售给分销商，追溯深度为分销商。

（4）零售商　实施质量安全追溯的加工企业，其追溯产品销售给直销店或零售商，追溯深度为零售商。

（5）消费者　实施质量安全追溯的加工企业，其追溯产品直接销售给消费者，追溯深度为消费者。

27. 代码

代码是农产品质量安全追溯中赋值的基本形式。只有使用代码才能实施信息化管理，才能实施追溯。

（1）代码的基本知识

① 代码表示形式。由于代码需表示诸多不同类型的内容，因此其表示形式有以下 4 种：

（a）数字代码（又称数字码）。这是最常用的形式，即用一个或数个阿拉伯数字表示编码对象。数字代码的优点是结构简单、使用方便、排序容易、便于推广。在应用阿拉伯数字时，对"0"不予赋值，而是作为预留位的数字，以便以后用其他数字代替，赋予一定含义或数值。

（b）字母代码（又称字母码）。用一个或数个拉丁字母表示编码对象。字母代码的优缺点如下：

一个优点是容量大，两位字母码可表示 676 个编码对象，而两位数字码仅能表示 99 个编码对象；另一个优点是有时可提供人们识别编码对象的信息，如 BJ 表示北京，JMS 表示佳木斯，便于人们记忆。

缺点是不便于计算机等数据采集电子设备的处理，尤其当编码对象数目较多、添加或更改频繁、编码对象名称较长时，常常会出现重复或冲突。因此，字母代码经常用于编码对象较少的情况。即使在这种情况下应用，尚须注意以下 3 点：一是当字母码无含义时，应尽量避免使用发音易混淆的字母，如 N 和 M、P 和 B、T 和 D；二是当出现 3 个或更多连续字母时，应避免使用原音字母 A、O、I、E、U，以免被误认为简单语言单词；三是在同一编码方案中应全部使用大写字母或小写字母，不可大小写字母混用。

（c）混合代码（又称数字字母码或字母数字码）。一般不使用混合代码，只有在特殊情况下才使用。混合代码中包括数字和字母的代码，有时还可有特殊字符。这种代码具有数字代码和字母代码的优缺点。编制混合代码时，应避免使用容易与数字混淆的字母，如字母 I 与数字 1、字母 Z 与数字 2、字母 G 与数字 6、字母 B 和 S 与数字 8；也应避免使用相互容易混淆的字母，如字母 O 和 Q。

（d）特殊字符。部分特殊字符（如 &、@等）可用于混合代码中增加代码容量。但连字符（—）、标点符号（，。等）、星形符号（＊）等不能使用。

② 代码结构和形式。代码的结构包括由几个代码段组成、每个代码段的含义、这些代码段的位置、每个代码段有多少字符。例如，农产品追溯码由 4 个代码段组成，从左到右代码段的名称依次为生产者代码段、产品代码段、产地代码段、批次代码段。每个代码段内字符数由具体情况而定。

③ 代码长度。代码长度是指编码表达式的字符（数字或字母）数目，可以是固定的或可变的。但为了便于信息化管理，宜采用固定的代码长度，对当前不用而将来可能会用的代码长度，可以用"0"作为预留。例如，食用菌产品代码段，当前仅有 5 个品种，只需 1 位代码长度；若考虑将来品种会增加到 15 种，则应有两位代码长度，当前产品代码为 01～

05。需要注意的是，代码长度不应过长，否则不利于电子信息的管理。

（2）质量安全追溯中所用代码

① 组合码。组合码为由一些相互依存并有层次关系的描述编码对象不同特性代码段组成的复合代码。例如，生产者的居民身份证编码采用组合码，居民身份证码见表 2-1。

表 2-1 居民身份证码

居民身份证码	含义
××××××××××××××××××	居民身份证码的 18 位组合码结构
××××××	行政区划代码
××××××××	出生日期
×××	顺序码，其中奇数表示男性、偶数表示女性
×	校验码

该组合码分为 4 个代码段，共 18 位。前 2 个代码段分别表示居民的空间和时间特性，第 3 个代码段依赖于前 2 个代码段所限定的范围，第 4 个代码段依赖于前 3 个代码段赋值后的校验计算结果。

又如，食用菌追溯码，见表 2-2。

表 2-2 食用菌追溯码

追溯码	含义
×××××××××××××××××××××××××	食用菌追溯码的 25 位组合码结构
××××××	从业者代码
××××	追溯产品代码
××××××	产地代码
××××××××	批次代码
×	校验码

该组合码分为 5 个代码段，共 25 位。第 1 个代码段是从业者代码，表示食用菌生产经营主体，包括经营者、生产者和经销商的全部或部分。第 2 个代码段是追溯产品代码，表示食用菌产品的代码。第 3 代码段是产地代码，表示追溯产品生产地的代码，可用国家规定的行政区划代码，如以下所述的层次码。第 4 个代码段是批次代码，如以下所述的并置码。第 5 个是校验码，依赖于前 4 个代码段 24 个代码赋值后的校验计算结果。

② 层次码。层次码以编码对象集合中的层次分类为基础，将编码对象编码成连续且递增的代码。例如，产地编码采用 3 层 6 位的层次码结

构，每个层次有 2 位数字，从左到右分别代表省级、市级、县级。较高层级包含且只能包含较低层级的内容，内容是连续且递增的，组成层次码，表示某县所属市、省，表达一个有别于其他县的确切唯一的生产地点。

例如，北京市的省级代码为 11，下一层市辖区的市级代码为 01，下一层东城区的县级代码为 01。因此，生产地点在北京东城区的代码为 110101。

③ 并置码。并置码为由一些相互独立的描述编码对象不同特性代码段组成的复合代码。例如，批次代码，采用 2 个代码段。第 1 个代码段为批次，用数字码，其位数取决于 1 d 内生产的批次数，可用 1 位或 2 位。第 2 个代码段是生产日期代码，采用 6 位数字码，分别表示年、月、日，各用 2 位数字码。批次代码和生产日期代码是具有不同特性的，批次与生产线、生产设施有关，而生产日期仅是自然数。

28. 可追溯性

食用菌产品的可追溯性是指从供应链的终端（产品使用者）到始端（产品生产者或原料供应商）识别产品或产品成分来源的能力。食用菌产品供应链的终端指产品使用者（包括批发商、零售商和消费者）。始端所指产品生产者（包括生产基地、初加工厂等）或原料供应商（包括菌种供应商、农药供应商等）。

识别产品或产品成分来源的能力，是指通过质量安全追溯达到识别与质量安全有关的产品成分及其来源的能力。

以食用菌中农药残留（以下简称农残）为例，其来源可能是农药生产商添加了农药名称以外的农药，或供应的农药含有其他农药成分；也可能是农药使用者未按照国家标准规定使用（如农药的剂型、稀释倍数、使用量、使用方法等）、使用了国家明令禁用农药或未按安全间隔期规定采收食用菌；也可能是追溯产品的农残检验不规范。

以食用菌中重金属污染为例，其来源可能为种植环境（如栽培基质、生产用水和空气），也可能是加工过程中引入（如包装材料中重金属的迁移等）。

所有这些成分的来源分析是通过产业链各环节的信息记录或产品标识追溯到产业链内的工艺段，即通过质量安全信息从产业链终端向始端回溯，从而构成农产品的可追溯性。

29. 农产品流通码

农产品流通码的信息包括农产品生产和流通两个环节的信息，该信息是从始端环节向终端环节传递的顺序信息。

生产环节代码包括生产者代码、产品代码、产地代码和批次代码，农产品流通码对一个生产经营主体来说是唯一性的。生产经营主体编码时，可采用国际公认的 EAN·UCC 系统。其中，EAN 是联合国的编码系统（国际物品编码协会），UCC 是美国的编码系统（美国统一代码委员会），两者结合组成 EAN·UCC 系统。EAN·UCC 是国际通用编码系统，生产经营主体按此编码符合国际贸易要求，可在出口产品中采用该编码。

（1）EAN·UCC 系统　EAN·UCC 代码包括应用标识符、标识代码类型、代码段数、代码段内容以及代码段中数字位数等。常用的 EAN·UCC 系统主要有以下 2 种：

① EAN·UCC-13 代码。EAN·UCC-13 代码是标准版的商品条码，由 13 位数字组成，包括前缀码（由 EAN 分配给各国或地区的 2～3 位数字，在 2002 年前中国是 3 位数 690～695）、厂商识别代码（由中国物品编码中心负责分配 7～9 位数字）、商品项目代码（由厂商负责编制 3～5 位数字）和校验码（1 位数字）。

② EAN·UCC-8 代码。EAN·UCC-8 代码是缩短版的商品条码，由 8 位数字组成，包括商品项目识别代码（由中国物品编码中心负责分配 7 位数字）和校验码（1 位数字）。

（2）我国国际贸易农产品流通码　农产品流通码见图 2-1。

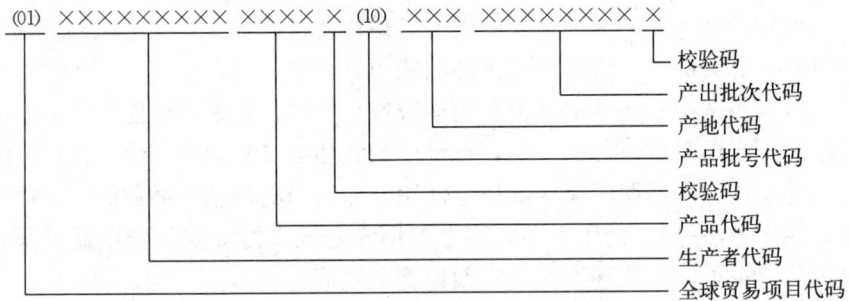

图 2-1　农产品流通码示例

生产者代码和产品代码处于全球贸易项目代码的应用标识符 AI（01）之中，该标识符可用于定量贸易项目，其第 1 个数字代码（即生产者代码的第 1 个数字代码为 0～8）；也可用于变量贸易项目，其第 1 个数字代码（即生产者代码的第 1 个数字代码为 9）。生产者代码有 7～9 位数字（可用 0 表示预留代码），产品代码有 3～5 位数字（可用 0 表示预留代码），2 个代码结束处设校验码（1 位数字）。

产地代码和产出批次代码处于全球贸易项目代码的应用标识符 AI（10）之中，其中产出批次代码中可加入生产日期代码（6 位数字，前 2

位为年份的后 2 个数字，如 2020 年的年份代码是 20；然后是 2 位月份代码和 2 位日数代码），2 个代码结束处设校验码（1 位数字）。

以上内容的食用菌生产环节流通码由生产经营主体完成生产时编制完成。

食用菌流通环节代码包括运输、批发、零售等环节的代码，其内容为流通作业主体代码、流通领域产品代码、流通作业批次代码，这些代码对一个流通企业来说是唯一性的。

流通作业主体代码、流通领域产品代码处于全球贸易项目代码的应用标识符 AI（01）之中。流通作业批次代码处于全球贸易项目代码的应用标识符 AI（10）之中，其可加入生产日期代码。

以上内容的食用菌流通环节流通码由流通部门在完成流通时编制完成。

食用菌生产环节和流通环节流通码也可合二为一，由流通部门向生产经营主体提供必要的流通领域诸代码，生产经营主体在完成生产时编制一个体现生产和流通两方面内容的代码，其形式为生产领域的流通码，即 4 个代码段，在生产者、产品、产地和产出批次代码段中加入流通领域的内容。

30. 农产品追溯码

追溯码是提供给消费者、政府管理部门的最终编码，仍由 4 个代码段组成，与流通码一样，但不使用标识符，仅有一个校验码（图 2-2）。追溯码由流通码压缩加密形成。

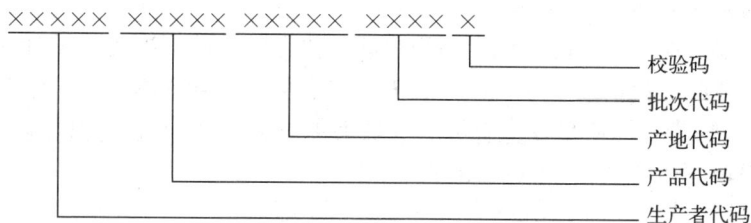

图 2-2　农产品追溯码

第三节　要　　求

一、追溯目标

【标准原文】

4.1　追溯目标

建立追溯体系的食用菌产品可通过追溯码或生产记录查询到其生产、加工、流通等各环节的质量安全相关信息及责任主体，实现产品可追溯。

【内容解读】

1. 追溯码具有完整、真实的信息

追溯码具有的追溯信息完整、真实是保证能够根据追溯码进行追溯的基础，也是实施质量安全追溯的前提条件。如果没有完整和真实的追溯信息，顺向可追、逆向可溯便无从谈起。因此，对追溯码具有的追溯信息有以下要求：

（1）追溯信息应具有完整性　完整性是指信息覆盖种植、加工和流通整个产业链的所有环节。从信息内容上，应包括产品、投入品等所有追溯信息，即与追溯产品质量安全有关的信息。同时，还应包括明确的责任主体信息。

（2）追溯信息应具有真实性　追溯信息真实性是指按照实际的生产、操作情况记录发生的事情。记录可为可追溯性提供查询、验证的证据。因此，保证记录的真实性，将为质量原因的分析、问题产品的追溯、质量安全追溯系统的有效运行提供有力支撑。另外，记录的真实性也包含电子信息和纸质信息一致性的内涵，将纸质记录信息转录为电子信息记录应有审核的过程。

2. 追溯方式

质量安全追溯是依据追溯信息，从产业链终端向始端进行客观分析、判定的过程。生产经营主体应明确追溯产品的流向信息，然后从产业链的终端向始端方向进行回溯。

例如，加工企业的追溯产品为香菇，执行的产品标准为 NY/T 749—2018，流向共包括 8 个环节，分属于农产品生产经营主体 3 个、加工企业 5 个。对应设立与质量安全有关的信息采集点为 8 个，组成信息流。食用菌生产物流和信息流如图 2-3。

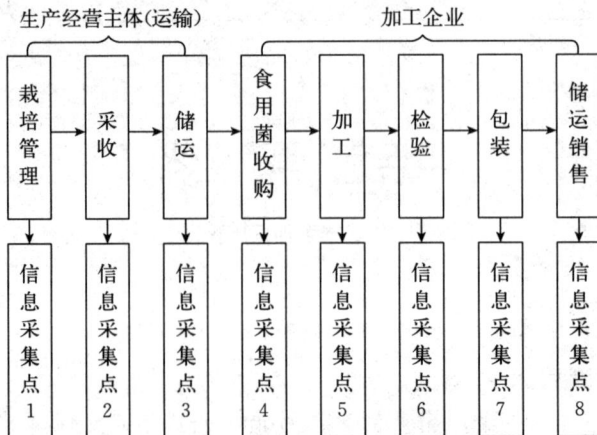

图 2-3　食用菌生产物流和信息流

例如，当某市售新鲜香菇的型式检验查出其中重金属镉残留量为 0.80 mg/kg，超过 GB 2762—2017 中规定的限量 0.2 mg/kg 时，企业就须实施追溯，步骤如下：

由于重金属镉超标不会发生在成品运输、销售、包装、储存环节；因此，最后端是检验环节。从信息采集点 6 查找，发生重金属镉超标的原因有 3 个或其中之一：

（1）检验有误 检验有误的主要原因是检验方法应用错误、检验操作不当、检验结果计算错误等。因此，检验方法、人员、操作、仪器、量具和计算等所有影响检验结果的因素应进行规范。如果是检验有误导致的结果偏差，应对样品进行复检，以便确保检验结果的准确性。

（2）检验样本量不足 样本量不足可能导致所检样品合格，而不合格样品未被检到、漏检，从而样品合格不能代表产品合格。因此，抽样时应充分考虑抽样量，使样品的检验结果能代表产品质量。

（3）样品均质不当 样品均质不当可能是存在取样部位代表性差、样品混合和均质不准，使本来能代表产品的样品得不到质量均匀的实验室样品，从而导致错误结果。因此，取样时应随机取样，并充分均质化。

鉴于以上原因，责任主体应是相关的抽样或检验人员。

如检验环节无误，则继续向始端回溯至加工环节的信息采集点 5，检查加工用水是否符合国家要求。若不符合，则加工环节的执行部门和个人为责任主体。

若以上环节均没有问题，则继续向始端回溯至食用菌栽培环节的信息采集点 1。造成重金属镉残留的主要原因可能是栽培过程中使用了不合要求的灌溉用水、菌类生物富集作用或者使用了不合要求的投入品等。

因此，实施质量安全追溯的目的是查找质量安全问题的原因，明确其责任主体，并进行针对性地改进工作，提高可追溯产品的质量安全水平。

二、机构或人员

【标准原文】

4.2 机构或人员

建立追溯体系的食用菌生产经营主体应有机构或人员负责追溯工作的组织、实施、管理，人员应经相关培训且保持相对稳定。

【内容解读】

设立机构或指定人员是从组织上保证农产品质量安全追溯工作顺利进

行的重要举措。具备一定规模的生产经营主体应设置专门机构（如质量安全追溯办公室）或指定专门人员负责组织、管理追溯工作；规模较小的生产经营主体，也要有专门人员负责农产品质量安全追溯工作的实施。

1. 机构或人员的职责

机构或人员的职责应满足以下要求：

（1）职责明确　依据农产品质量安全追溯的要求，将整个工作（制度建设、业务培训、追溯系统网络建设、系统运行与管理、信息采集及管理等）分解到各个部门，落实到每个工作人员。

（2）人员到位　追溯工作分解到人时，应将全部工作明确分给各工作人员。工作分解到人可以有2种表示方式：

① 明确规定某职务担任某项工作。这种"定岗定责"方式的优点是，当发生人员变动时，只要该职务不废除，谁承担该职务，谁就承担该工作，不至于由于人员变动导致无人接手相关工作的局面，从而影响追溯工作的有效衔接。

② 明确担任某项工作人员的姓名。这种表示方式的好处是直观，但当发生人员变动时，需及时修改相关任命文件。

2. 工作计划

（1）工作计划的制订　农业生产经营主体在制订工作计划时应根据自身生产实际，将全部质量安全追溯工作内容纳入计划、统筹考虑，并确定执行时间（依据轻重缓急和任务难易可按周、月或季执行）、执行机构或人员、执行方式等。

（2）工作计划的执行　执行工作计划时，应记录执行情况，包括内容、执行部门或人员、执行时间和地点、完成及改进情况等。

（3）工作计划的监管检查　监管检查时，应形成检查报告，包括检查机构或人员、检查时间、检查内容、检查结果，以便后续改进。

3. 信息采集、上报、核实和发布

由于信息采集人员是接触信息的一线人员，其采集的信息的真实性、完整性直接影响追溯工作的顺利进行。因此，在指定机构或人员负责追溯工作的文件中应明确信息采集人员，以便在出现问题时直接找到相关责任人。信息采集人员对信息记录的真实性、完整性负责。

三、设备和软件

【标准原文】

4.3　设备和软件

建立信息化追溯体系的食用菌生产经营主体应配备必要的信息采集、

传输、读写、标签打印等专用设备及相关软件。

【内容解读】

1. 计算机等电子设备

计算机等电子设备是农产品质量安全追溯的重要组成部分，是快速、有效地进行信息采集、信息处理、信息传输和信息查询的信息化工具，普遍应用于农产品质量安全追溯中。计算机见图2-4。

2. 移动数据采集终端

移动数据采集终端是快速、高效、便携的电子设备，它可用于产业链过程中各环节电子信息的采集，如可用于储存、运输和销售环节的食用菌产品信息的采集（图2-5）。

图2-4 计算机   图2-5 移动数据采集终端

3. 工控机

工控机是用于特殊环境下的信息化工具，如菌类加工车间等（图2-6）。它与普通计算机的差别如下：

（1）外观 普通计算机机箱是开放、不密封的，表面上有较多散热孔，有一个电源风扇向机箱外吹风散热。而工控机机箱则是全封闭的，所用的板材较厚，更结实，重量比普通计算机重得多，可以防尘，还可屏蔽环境中电磁等对内部的干扰。机箱内有一个电源用的风扇，可保持机箱内更大的正压强风量。

（2）结构 相对于普通计算机，工控机有一个较大的母板，有更多的扩展槽，CPU主板和其他扩展板插在其中，这样的母板可以更好屏蔽外

图2-6 工控机

界干扰。同时，电源用的电阻、电容和电感线圈等元器件级别更高，具有更强的抗冲击、抗干扰能力，带载容量也大得多。

4. 网络设备

网络设备的合理运用可保证网络通信的有效和畅通。应建立有效的通信网络，使各信息采集点的信息传递渠道畅通。可通过以下 4 种方式：

① 通过 ADSL 上网。

② 通过光纤方式上网。

③ 建立局域网。对于在一栋建筑物内、信息交换比较频繁的场所，应建立局域网，实现实时共享，减少各采集点数据导入、导出等操作。

④ 无线上网。对于不具备以上条件，信息交换又比较频繁的场所，应采用此方式。

5. 标签打印机

建立信息化管理的食用菌生产经营主体应配备标签打印机（图 2-7）。标签打印机数量根据生产经营主体日产量、日包装量和日销售量等生产实际情况配置。在条件允许情况下，生产经营主体宜配置一台备用机，以应对突发状况。

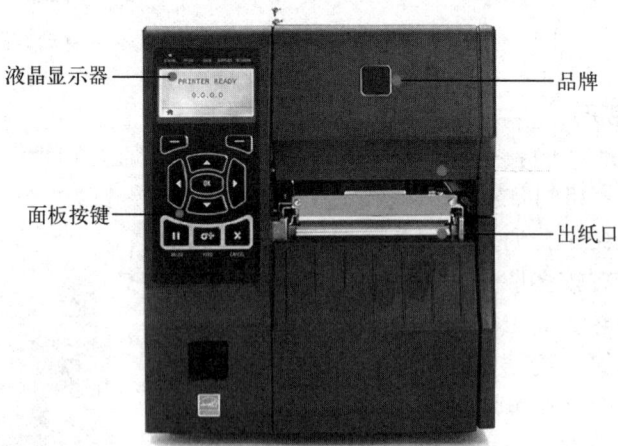

图 2-7　标签打印机

6. 喷码机或激光打码机

喷码机是运用带电的墨水微粒，根据高压电场偏转的原理，可在各种不同材质的包装表面上非接触地喷印图案、文字和代码。喷码机机型多样，有小字符系列（图2-8）、高清晰系列、大字符系列等。当追溯产品包装为塑料袋等不适宜粘贴标签的，应配备喷码机。

激光打码机使用软件偏转激光束，利用激光的高温直接烧灼需标识的产品表面，形成图案、文字和代码。与普通的墨水喷码机相比，激光打码机的优点主要如下：

① 降低生产成本，减少耗材，提高生产效率。

② 防伪效果明显，可以有效地抑制产品的假冒标识。

③ 能在极小的范围内打印大量数据，打印精度高，打码效果好且美观。

④ 设备稳定度高，可24 h连续工作，激光器免维护时间长达2万h以上。温度适应范围宽（5~45 ℃）。

⑤ 环保、安全，不产生任何对人体和环境有害的化学物质，是环保型高科技产品。

激光打码机见图2-9。

图2-8　小字符喷码机　　　　　　图2-9　激光打码机

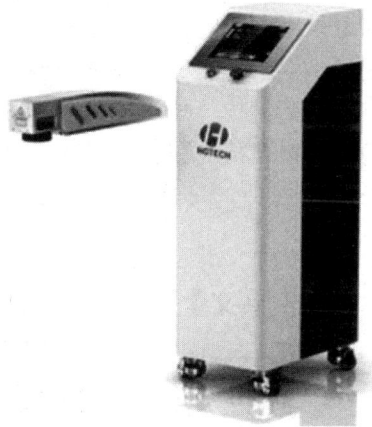

当追溯产品采用塑料包装时，塑料封口机可与喷码机或激光打码机组成一体机，便于操作和打印计数。

7. 条码识别器（又称条码阅读器、条码扫描器）

条码是将线条与空白按照一定的编码规则组合起来的符号，用以代表一定的字母、数字等资料。在进行识别时，是用条码识别器扫描，得到一组反射光信号，此信号经光电转换后变为一组与线条、空白相对应的电子讯号，经解码后还原为相应的数字和文字，然后传入计算机。条码识别器可用于条形码（即一维条码）和二维码（即二维条码）。一维条码识别器见图2-10，二维条码识别器见图2-11。

图 2-10 一维条码识别器　图 2-11 二维条码识别器

8. 软件

软件系统的科学合理性直接关系质量安全追溯工作的成效。软件系统的开发设计应以生产实际需求为导向，采用多层架构和组件技术，形成从田间记录到市场监管一套完整的农产品质量安全追溯信息系统。软件系统定制时，生产、加工过程中各投入品的使用及产品检测等为必须定制项目；其他不影响产品质量安全的环节，则可选择性定制。同时，软件系统应满足其追溯精度和追溯深度的要求。

四、管理制度

【标准原文】

4.4　管理制度

建立追溯体系的食用菌生产经营主体应制定追溯工作规范及产品质量安全控制等相关制度，并组织实施。

【内容解读】

食用菌生产经营主体建立质量安全追溯体系时需配套必要的工作制度，主要包括质量安全追溯工作规范、信息采集规范、信息系统维护和管理规范、质量安全问题处置规范4个方面的制度。必要时，还可增加其他制度实施管理。质量安全追溯工作规范规定质量安全追溯的总体要求，设计质量安全追溯内容的总体管理。信息采集规范是实施质量安全追溯的基本条件，包括电子信息和纸质信息的采集内容、方式、传输。信息系统维护和管理规范是质量安全追溯实施的核心，为保证信息系统的高效、准确运行而应采取的日常管理和维护方法。质量安全问题处置规范的内容是一且质量安全追溯产品发生质量安全问题，如何应用追溯码及所反映的信息对该追溯产品进行处置。

【实际操作】

建立追溯体系的生产经营主体应制定追溯工作规范及产品质量安全控制等相关制度，并组织实施、不断完善。信息采集规范可以与信息系统维护和管理规范合并成一个制度叙述。质量安全问题处置规范可以放在产品质量安全事件应急预案内，作为其中一个内容叙述。以下叙述制度的管理和内容。

1. 管理制度

管理是社会组织中，为了实现既定目标，以人为中心进行的控制与协调活动。生产经营主体为了不同的目标实施不同的管理模式，如新中国成立初期实施过"全面质量控制"（TQC），而当今又有"危害分析与关键控制点"（HACCP）等。为规范农产品质量安全追溯的实施，保障追溯体系的运行，同样需要制定一套管理制度。它与其他企业管理有共性，也有个性。生产经营主体实施质量安全追溯管理是建立在以往各种管理模式中积累的经验基础之上的。企业应依托现有基础，认真学习与领会质量安全追溯管理的个性，即与其他管理模式不同的特点，从而制定追溯相关制度。制度管理包括4个环节，即制定、执行、检查和改进。

（1）制定 制度文件制定时，应按照"写我所做、写我能做"的要求，涵盖质量安全追溯工作实际的所有内容，并确立明确的目标要求以及达到目标所应采取的措施，包括组织、人员、物质、技术、资金等。制度中所确立的目标应在生产经营主体能力范围内，且是必须达到的目标要求；而不切实际的目标和内容一律不得列入制度文件中，如追溯产品质量控制方案中列出的控制大气污染等。此外，不影响目标实施以及产品质量安全的内容也可以不在制度文件中列出。

（2）执行 指定的机构或人员应按照制度文件执行。当执行过程中发现制度内容与生产经营主体生产实际不符时，应告知相关人员对制度文件进行修订。指定机构或人员执行与否依据执行记录进行判定。

以追溯技术培训为例，追溯技术培训是每个质量安全追溯生产经营主体必须进行的一项工作，同时也是非常重要的一项工作。当执行追溯技术培训这项具体工作时，应有培训计划、培训通知、授课内容、听课人签到及其相关证明材料，培训结束后应有相应的总结。

需要注意的是，因计划属于预先主观意识，执行属于客观行为，在执行过程中允许与计划有所出入、差别。俗话说"计划赶不上变化"，从唯物辩证观点出发，一切以实际为准，以达到预期目标为准。

（3）检查　相关工作结束后，需对执行效果与制度文件中确立的目标进行对比评估，分析不足、总结经验。例如，对追溯技术培训的培训人员相关操作的准确性及熟练性进行检查是否达到预期的效果。

（4）改进　除了规范追溯体系实施、促进追溯理念发展、推广经验外，更重要的是纠正具体实践中发现的问题以及改进制度制定、执行中的不足。例如，追溯技术培训后，若检查时发现培训效果欠佳，仍有部分人员对追溯相关技术不甚理解，则仍需进行再次培训。管理制度的建立是不断发现问题、改进问题的过程。改进不是一劳永逸的，需在后续的工作循环进行制定、执行、检查和改进，直至达成既定目标。

农产品质量安全追溯制度首先要立足于自身的生产实际与需求，同时，还应结合相关部门发布的有关农产品质量安全追溯工作文件。为确保追溯工作的顺利开展，需要制定质量安全追溯工作规范、信息系统维护和管理规范、信息采集规范、产品质量控制方案等制度，以上制度构成了质量安全追溯的最基本制度。此外，还可以制定与制度相配套的工作方案等，如质量安全问题处置规范。

2. 基本制度

（1）质量安全追溯工作规范　质量安全追溯工作规范是作为追溯工作的基本制度，其规范的对象是追溯工作，涉及质量安全追溯的所有工作，管理范畴无论在空间上、还是在时间上都更为宽泛。由于有其他 3 个制度，因此它的内容包括其他 3 个制度以外的所有内容，即质量安全追溯的组织机构、人员与职责、制度建设原则与程序、工作计划制订与实施、人员培训、追溯工作监督与自查，以及有关管理、操作、监督部门的职责等。同时，还应注意与其他具体制度性管理文件的相关关系。

（2）信息系统维护和管理规范、信息采集规范　该制度内容包括信息采集点的设置；信息采集内容；传输方式；纸质信息和电子信息安全防护要求；上传时效性要求；专用设备领用、维护记录；系统运行维护；追溯码的组成，代码的含义；标签打印机的维护，标签打印使用记录；以及有关管理、操作、监督部门的职责等。例如，纸质记录的记录表格设计、记录规范、记录时限、交付电子录入人员时限；电子录入人员的纸质记录审核，软件的确定和应用；备份的设备要求、备份的时限；电子信息安全措施、上传时限。

（3）产品质量控制方案　该制度制定时需依据追溯产品的有关法律法规和标准，结合生产经营主体的实际情况。因此，同样是食用菌生产经营主体，产品质量控制方案也不尽相同。

　　在条款内容上，应包括编制依据、适用范围、组织机构与职责、关键控制点设置、控制目标（安全参数和临界值或技术要求）和监控（检验）方法、控制措施、纠偏措施、实施效果检查等内容要求。

　　在技术内容上，应包括符合生产经营主体生产实际的追溯产品生产工艺流程图；准确合理设置关键控制点、控制目标（安全参数和临界值或技术要求）、监控（检验）方法、控制措施和纠偏措施。其中，纠偏措施应准确、及时，应符合控制目标。

　　（4）质量安全问题处置规范　该制度制定时需依据追溯产品的有关法律法规和标准，结合生产经营主体的实际情况。该制度内容应包括组织机构和应急程序、应急项目、控制措施、质量安全事件处置，以及有关管理、操作、监督部门的职责等。

　　为了验证质量安全问题处置规范的可行性，需作应急演练。演练的项目是依据产品标准所涉及的质量安全项目确定，如食用菌追溯产品可以演练农药残留、重金属、微生物超标等。

　　质量安全问题处置规范的对象应是产品标准规定项目，如绿色食品香菇处置对象为重金属（涉及灌溉水水质、栽培基质、加工用水）、农药残留（涉及农药购入、农药使用、安全间隔期）、微生物（涉及储藏条件）等。

第四节　追溯码编码

一、种植环节

【标准原文】

5　追溯码编码

按 NY/T 1761 的规定执行。

【内容解读】

1. 产地编码

NY/T 1761—2009 中"5.2.2.2 产地编码"规定"编码方法按 NY/T 1430 规定执行"。NY/T 1430—2007 中详细规定了农产品产地单元划分原则、产地编码规则、产地单元数据要求。

　　农产品产地单元是指根据农业管理的需要，按照一定原则划分的、边界清晰的多边形农产品生产区域。

　　产地单元划分应遵循以下原则：

法定基础原则：应基于法定的地形测量数据进行；

属地管理原则：产地单元的最大边界为行政村的边界，不应跨村分割；

地理布局原则：按照农产品产地中的沟渠、河流、湖泊、山丘、道路等地理布局进行划分；

相对稳定原则：宜保持相对稳定，不宜经常调整；

因地制宜原则：应根据不同地区的特点和发展要求进行划分。

农产品产地单元在时间和空间定义上应有唯一的编码。产地单元变更时，其源代码不应占用，变更后的农产品产地单元按照原有编码规则进行扩展。

NY/T 1430—2007 中规定农产品产地代码由 20 位数字组成。农产品产地代码结构见图 2-12。

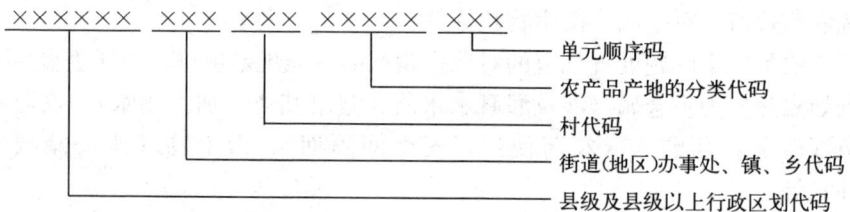

图 2-12　农产品产地代码结构

农产品产地编码宜采用十进位的数字码，应在信息系统维护和管理规范、信息采集规范中写明代码的含义，数字码便于信息化运行，不应采用字母码或汉字。其产地地块编码档案应与栽培的食用菌种类相对应，其内容信息可以使用汉字，至少应包括栽培区域、面积、产地环境等。

"全球贸易项目代码"应用标识符在 EAN·UCC 系统中以 AI（01）表示。EAN·UCC 系统是由国际物品编码组织（GS1）和美国统一代码委员会（UCC）共同开发、管理和维护的全球统一和通用的商业语言，为贸易产品与服务（即贸易项目）、物流单元、资产、位置以及特殊应用领域等提供全球唯一的标识。

"7 位地块（圈、舍、池或生产线）代码"采用的是固定递增格式层次码。在这 7 位代码段中，前两位代表"管理区代码"，如该国有农场共有 10 个管理区，则可将数字代码 01~10 分别表示 10 个管理区；中间两位代表"生产队代码"，如该国有农场某个管理区有 5 个生产队，则可将这 5 个生产队分别用数字代码 01~05 表示；后三位代表"地块（圈、舍、池或生产线）顺序代码"，宜采用十进位数字模式按地块（圈、舍、池或生产线）排列顺序编码。地块划分应以食用菌栽培品种、地理位置、所属单位或种植户等特性相对一致的最大地理区域为同一编码。

2. 栽培者编码

生产、管理相对统一的栽培户、栽培组统称为栽培者，应对栽培者进行编码，并建立栽培者编码档案。栽培者编码档案至少包括以下信息：姓名或户名、组名、栽培区域、栽培面积、栽培品种。

栽培者编码可以用数字按其居住位置或姓名罗马字母排列顺序编写，栽培者姓名应为居民身份证所示姓名；组名、栽培区域、栽培品种用数字或字母编码。栽培面积应体现亩或公顷的数字代码。

3. 收获者编码

生产、管理相对统一的收获户、收获组统称为收获者，应对收获者进行编码，并建立收获者编码档案。编码档案至少包括以下信息：收获者姓名或户名、组名、收获数量、收获区域、收获面积、收获品种。收获者编码可以用数字按其居住位置或姓名罗马字母排列顺序编写，收获户姓名应为居民身份证所示姓名；组名、收获区域、收获品种用数字或字母码编码。收获面积、收获质量用数字代码。

【实际操作】

1. 产地县级及县级以上行政区域代码

县级及县级以上行政区域代码包括数字代码和字母代码。

（1）数字代码 采用3层6位的层次码结构。每个层次有2位数字，从左到右的顺次分别表示省级（省、自治区、直辖市、特别行政区）、市级（市、地区、自治州、盟、直辖市内的直辖区或直辖县、省或自治区内直辖县汇总码）、县级（县、自治县、县级市、旗、自治旗、市辖区、林区、特区）。

第一层，省级代码代表省、自治区、直辖市、特别行政区；GB/T 2260—2007《中华人民共和国行政区划代码》及第1号修改单中规定了全国省级（省、自治区、直辖市、特别行政区）代码表，见表2-3；

表2-3 全国省级（省、自治区、直辖市、特别行政区）代码

名称	罗马字母拼写	数字代码	字母代码
北京市	Beijing Shi	110000	BJ
天津市	Tianjin Shi	120000	TJ
河北省	Hebei Sheng	130000	HE

（续）

名称	罗马字母拼写	数字代码	字母代码
山西省	Shanxi Sheng	140000	SX
内蒙古自治区	Nei Mongol Zizhiqu	150000	NM
辽宁省	Liaoning Sheng	210000	LN
吉林省	Jilin Sheng	220000	JL
黑龙江省	Heilongjiang Sheng	230000	HL
上海市	Shanghai Shi	310000	SH
江苏省	Jiangsu Sheng	320000	JS
浙江省	Zhejiang Sheng	330000	ZJ
安徽省	Anhui Sheng	340000	AH
福建省	Fujian Sheng	350000	FJ
江西省	Jiangxi Sheng	360000	JX
山东省	Shandong Sheng	370000	SD
河南省	Henan Sheng	410000	HA
湖北省	Hubei Sheng	420000	HB
湖南省	Hunan Sheng	430000	HN
广东省	Guangdong Sheng	440000	GD
广西壮族自治区	Guangxi Zhuangzu Zizhiqu	450000	GX
海南省	Hainan Sheng	460000	HI
重庆市	Chongqing Shi	500000	CQ
四川省	Sichuan Sheng	510000	SC
贵州省	Guizhou Sheng	520000	GZ
云南省	Yunnan Sheng	530000	YN
西藏自治区	Xizang Zizhiqu	540000	XZ
陕西省	Shaanxi Sheng	610000	SN
甘肃省	Gansu Sheng	620000	GS
青海省	Qinghai Sheng	630000	QH
宁夏回族自治区	Ningxia Huizu Zizhiqu	640000	NX
新疆维吾尔自治区	Xinjiang Uygur Zizhiqu	650000	XJ
台湾	Taiwan Sheng	710000	TW
香港特别行政区	Hongkong Tebiexingzhengqu	810000	HK
澳门特别行政区	Macau Tebiexingzhengqu	820000	MO

第二层，市级代码中 01～20、51～70 表示市；01、02 还表示直辖市内的直辖区或直辖县的汇总码；21～50 表示地区、自治州、盟；90 表示省（自治区）直辖县级行政区划汇总码。

第三层，县级代码中 01～20、51～80 表示市辖区、地区（自治州、盟）辖县级市、市辖特区以及省（自治区）直辖县级行政区划中的县级市，01 一般不被市辖区使用。21～50 表示县、自治县、旗、自治旗、林区。81～99 表示省（自治区）辖县级市。

例如，黑龙江省佳木斯市桦南县对应的行政区划代码为 230822。

（2）字母格式代码　依据 GB/T 2260—2007/XG—2016 规定，行政区划字母码要遵循科学性、统一性、实用性的编码原则，参照县及县以上行政区划名称的罗马字母拼写，取相应的字母编制（表 2-3）。具体操作如下：

① 省、自治区、直辖市、特别行政区的字母码用 2 位大写字母表示；

② 市、地区、自治州、盟、自治县、县级市、旗、自治旗、市辖区、林区、特区用 3 位大写字母表示。

市级和县级的代码表以上海市所辖区县为例，见表 2-4。

表 2-4　上海市（310000 SH）代码表

名称	罗马字母拼写	数字代码	字母代码
市辖区	Shixiaqu	310100	
黄浦区（新）	Huangpu Qu	310101	HGP
徐汇区	Xuhui Qu	310104	XHI
长宁区	Changning Qu	310105	CNQ
静安区（新）	Jing' an Qu	310106	JAQ
普陀区	Putuo Qu	310107	PTO
虹口区	Hongkou Qu	310109	HKQ
杨浦区	Yangpu Qu	310110	YPU
闵行区	Minhang Qu	310112	MHQ
宝山区	Baoshan Qu	310113	DSQ
嘉定区	Jiading Qu	310114	JDG
浦东新区	Pudong Xinqu	310115	PDX
金山区	Jinshan Qu	310116	JSH
松江区	Songjiang Qu	310117	SOJ
青浦区	Qingpu Qu	310118	QPU
奉贤区	Fengxian Qu	310120	FXI
崇明区	Chongming Qu	310151	CMI

2. 产地县级以下行政区域代码

依据 GB/T 10114—2003《县级以下行政区划代码编制规则》，县级以下行政区域代码采用 2 层 9 位的层次码结构（图 2-13）。第一层代表县级及县级以上行政区域代码，由 6 位数字组成；第二层表示县级以下行政区域代码，采用 3 位数字组成，具体划分为：001～099 表示街道（地区），100～199 表示镇（民族镇），200～399 表示乡、民族乡、苏木（苏木作为内蒙古自治区的基层行政区域单位按乡来对待）

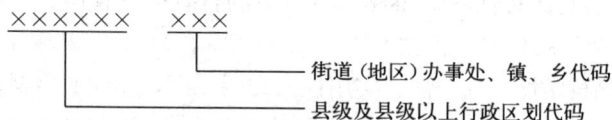

×××××× ×××
———— 街道（地区）办事处、镇、乡代码
———— 县级及县级以上行政区划代码

图 2-13　县级以下行政区域代码

注：1. 县级以下行政区划代码应按隶属关系和上述"001～399"代码所代表的区划类型，统一排序后进行编码；

2. 在编制县级以下行政区划代码时，当只表示县及县以上行政区划时，仍然采用 2 层 9 位的层次码结构，此时图中所示代码结构中的第 2 段应为 3 个数字 0，以保证代码长度的一致性。

县级以下行政区域代码表见表 2-5。

表 2-5　县级以下行政区域代码表

名称	代码
……	……
××市	××××00000
市辖区	××××01000
××区	××××××000
××街道（或地区）	××××××001
……	……
××镇（或民族镇）	××××××1××
……	……
××乡（或民族乡、苏木）	××××××2××
……	……
××市（县级）	××××××000
××街道	××××××001
……	……
××镇（或民族镇）	××××××1××
……	……
××乡（或民族乡、苏木）	××××××2××
……	……

(续)

名称	代码
××县	×××××000
××街道	×××××001
......	......
××镇（或民族镇）	×××××1××
......	......
××乡（或民族乡、苏木）	×××××2××
......	......

对于不属于行政区划范畴的政企合一单位（农场、林场、牧场等），当需要对其所在区域进行编码时，可参照 GB/T 10114—2003《县级以下行政区划代码编制规则》。第一层代表县级及县级以上行政区域代码，由6位数字组成；第二层表示该牧场或农场，在001～399以外采用3位数字。具体信息可在 http://www.mca.gov.cn/article/sj/（中华人民共和国民政部-民政数据-行政区划代码）查询。

例如，黑龙江省佳木斯市桦南县曙光农场的行政区划代码为：230822500。

3. 第3～5段代码

（1）村代码 第3段为村代码，由所属乡镇进行编订。具体信息可在 http://www.mca.gov.cn/article/sj/（中华人民共和国民政部-民政数据-行政区划代码）查询。

例如，黑龙江省佳木斯市桦南县明义乡团结村的行政区划代码为：230822214216。

（2）农产品产地的分类代码 第4段为农产品产地属性代码，依据 GB/T 13923—2006《基础地理信息要素分类与代码》中规定的编码结构和要素分类，编码结构表见表2-6。

表2-6 编码结构表

码位	类别
6位编码	大类（1位码）
	中类（1位码）
	小类（2位码）
	子类（2位码）

（3）单元顺序码　第5段为单元顺序码，具体由其所属行政村编订。

4. 国有农场产地编码

NY/T 1761中"5.2.2.2产地编码"对国有农场产地编码方法有特殊规定，国有农场产地编码采用31100＋全球贸易项目代码＋7位地块（圈、舍、池或生产线）代码组成。地块（圈、舍、池或生产线）代码采用固定递增格式层次码，第1位和第2位代表管理区代码，第3位和第4位代表生产队代码，第5位～第7位代表地块顺序代码。

国有农场产地编码应由14位代码组成，国有农场产地编码结构见图2-14。

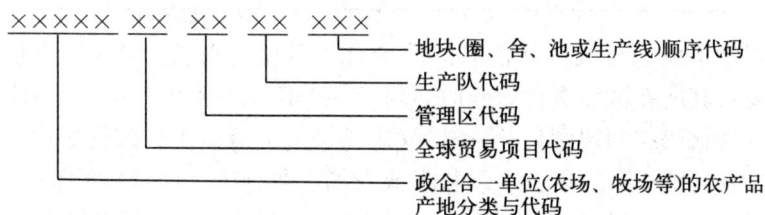

图2-14　国有农场产地编码结构

产地编码档案信息记录表见表2-7。

表2-7　产地编码档案信息记录表

行政区划代码	产地分类代码	栽培区域	栽培编号	栽培品种	栽培面积	负责人

5. 栽培者编码

栽培者（户、组）编码档案信息记录表见表2-8。

表2-8　栽培者（户、组）编码档案信息记录表

姓名或户名	组名	栽培区域	栽培面积	栽培品种

6. 收获者编码

收获者编码档案信息记录表见表2-9。

表2-9　收获者编码档案信息记录表

姓名	组名	数量	区域	品种	质量	负责人

二、加工环节

【内容解读】

1. 收购批次编码

加工企业在收购原料时应对收购批次进行编码，并记录相关信息。当每天仅有一个收购批次时，收购批次代码可用收购日期代码；当每天有多个收购批次时，应对不同批次进行编码。收购批次代码可由收购日期加批次组成，批次代码为数字。收购批次编码档案可使用汉字，其内容应至少包括以下信息：收购数量、原料来源、收购标准等。

2. 加工批次编码

加工企业在加工产品时应对加工批次进行编码，并记录相关信息。当每天仅有一个加工批次时，加工批次代码可用加工日期代码；当每天有多个加工批次时，应对不同批次进行编码。加工批次代码可由加工日期加批次组成，批次代码为数字。加工批次编码档案可使用汉字，其内容应至少包括以下信息：原料来源、加工品名称、加工工艺或代号、加工数量等。

3. 包装批次编码

加工企业在包装产品时应对包装批次进行编码，并记录相关信息。当每天仅有一个包装批次时，包装批次代码可用包装日期代码；当每天有多个包装批次时，应对不同批次进行编码。包装批次代码可由包装日期加批次组成，批次代码为数字。包装批次编码档案可使用汉字，其内容应至少包括以下信息：产品名称、产品检测结果、等级、包装数量等。

【实际操作】

1. 追溯信息编码

追溯信息编码是将编码对象赋予具有一定规律（代码段的含义、代码位置排列的顺序、代码的含义、校验码的计算都作出具体规定）、易于电子信息采集设备和人识别处理的符号。因此，农产品质量安全追溯信息编码的内容应包括代码表达的形式（数字或字母）、表示的方法（如校验码的计算、生产经营主体所用数字或字母的含义，应在其工作制度中明确规定，以免误用）。

（1）追溯信息编码用途

① 对编码对象进行标识。犹如"身份证"，此编码与对象组成了一个

唯一性的联系。

② 对编码对象进行分类。对编码对象进行分类后，便可从编码上看出其属于哪一类。例如，农业生产经营主体属于栽培还是加工，产地属于省级、市级还是县级。

③ 对编码对象进行识别。确定编码对象的性质，尤其是用于农产品质量安全追溯。

因此，信息编码是实施质量安全追溯的重要前提。信息编码的成功与否直接关系到当前及今后的质量安全追溯。

(2) 信息编码原则

① 唯一性。一个代码仅表示一个对象，一个对象也只有一个代码。

② 合理性。代码结构应与生产实践相适应。

③ 可扩充性。代码应留有适当的后备容量，以适应不断扩充的需要。常用数字 0 作为后备代码，其他数字都可定义含义，而容量的大小取决于生产实践。例如，产品代码，现有 5 种产品，用 1～5 表示；若企业考虑将增加到数 10 种，则产品代码段为 2 位，现有产品代码用 01～05。

④ 简明性。代码结构应尽量简单，长度尽量短，尤其是预留位宜少不宜多，便于信息录入，减少差错率，减少存储容量。

⑤ 适用性。代码尽可能反映编码对象的特征。例如，生产时间的代码取 6 位，分别用 2 位表示年、月、日，而不是 8 位（年用 4 位，月、日分别用 2 位）；但有的代码没有实际意义。

⑥规范性。编码时应按统一规定进行编码。参与国际贸易的，应用 EAN·UCC 系统；用于农产品质量安全追溯的，按农业农村部规定的编码结构实施。

(3) 信息编码形式　追溯信息编码是农产品质量安全追溯信息查询的唯一代码。当农业生产经营主体完成生产时，必须同时完成农产品质量安全追溯信息编码。农产品质量安全追溯信息代码可由产业链中各工艺段的代码组合而最终形成；也可以无工艺段代码，形成最终追溯产品时一次形成。其形式由以下 3 种：

① 采用 GB/T 16986—2018《商品条码　应用标识符》中 EAN·UCC 系统应用标识符。应用标识符是标识数据含义与格式的符号。例如，全球贸易项目代码用 AI（01）表示；格式 N2＋N14 表示标识符中有 2 位数字，即 01；代码有 14 位数字，由农业生产经营主体自定；数据段名称为 GTIN（Global Trade Item Number 的简称，即全球贸易项目代码）。EAN·UCC 应用标识符的含义、格式及数据名称，见表 2-10。

表 2 - 10　EAN·UCC 应用标识符与食用菌产品质量安全
追溯相关代码的含义、格式及数据名称

AI	含义	格式	数据名称
00	系列货运包装箱代码	N2＋N18	SSCC
10	批号	N2＋X…20	BATCH/LOT

注：N 为数字字符，X 为字母、数字字符。

② 以批次编码作为农产品质量安全追溯信息编码。

③ 农业生产经营主体自定义的追溯信息编码，如二维码。

2. 校验码的计算方法

校验码位于追溯码的最后一位，它的作用是检验追溯码中各个代码是否准确，即用各个代码的不同权数加和及与 10 的倍数相减，获得一位数字。农业生产经营主体自行完成或请编码公司完成的编码，都应将校验码计算的软件应用到标签打印机中。校验码的计算如下：

（1）确定代码位置序号　代码位置序号是包括校验码在内的，从右向左的顺序号。因此，校验码的序号为 1。

（2）计算校验码　按以下步骤计算校验码：

① 从代码位置序号 2 开始，所有偶数位数字代码求和。

② 将以上偶数位数字代码的和乘以 3。

③ 从代码位置序号 3 开始，所有奇数位数字代码求和。

④ 将偶数位数字代码和乘以 3 的乘积与奇数位数字代码和相加。

⑤ 用大于或等于④中得出的相加数且为 10 最小整数倍的数减去该相加数，即校验码数值。

校验码计算示例，见表 2 - 11。

表 2 - 11　校验码计算示例

计算步骤	举例说明													
从右向左顺序编号	位置序号	13	12	11	10	9	8	7	6	5	4	3	2	1
	代码	6	9	0	1	2	3	4	5	6	7	8	9	X
从序号 2 开始，所有偶数位数字代码求和	9＋7＋5＋3＋1＋9＝34													
偶数位数字代码的和乘以 3	34×3＝102													
从序号 3 开始，所有奇数位数字代码求和	8＋6＋4＋2＋0＋6＝26													

（续）

计算步骤	举例说明
将偶数位数字代码和乘以 3 的乘积与奇数位数字代码和相加	$102+26=128$
用大于或等于步骤④中得出的相加数且为 10 最小整数倍的数减去该相加数，即校验码数值	$130-128=2$，即 $X=2$

3. 产品代码

产品代码是追溯码中重要组成部分，可采用 2 位数字码，即使产品品种不满 10 个，为了考虑今后品种的增加，可设立 2 位数字码，个位数字是现行产品品种代码，十位数字为"0"，作为预留品种代码。

（1）产品代码编制原则

① 唯一性原则。对同一商品项目的产品应给予相同的产品标识代码。基本特征（主要包括商品名称、商标、种类、规格、数量、包装类型等）相同的商品视为同一商品项目。对不同商品项目的产品应给予不同的产品标识代码。

② 无含义性原则。产品代码中的每一位数字不表示任何与商品有关的特定信息。

③ 稳定性原则。产品代码一旦被分配，只要产品基本特征没变化，就应保持不变。

（2）食用菌鲜品代码　依据 GB/T 7635.1—2002《全国主要产品分类与代码　第 1 部分：可运输产品》，食用菌鲜品分类代码表见表 2-12。

表 2-12　食用菌鲜品分类代码表

代码	产品名称	说明
01234·211	食用菌	
01237	新鲜或冷藏的食用菌	
01237·10 ~·099	鲜蘑菇类	
01237·011	鲜双孢蘑菇	
01237·012	鲜滑菇	

（续）

代码	产品名称	说明
01237·013	鲜口蘑	
01237·014	鲜榛蘑	
01237·015	鲜榆蘑	
01237·016	鲜香菇	
01237·017	鲜平菇	
01237·018	鲜草菇	
01237·021	鲜乳菇	
01237·022	鲜金针菇	
01237·023	鲜柳钉菇	
01237·024	鲜凤尾菇	
01237·100 ～·199	鲜黑木耳、银耳、地耳等	
01237·101	鲜黑木耳	
01237·102	鲜银耳	
01237·103	鲜金耳	
01237·104	鲜地耳	
01237·105	鲜血耳	
01237·200 ～·299	鲜鸡棕、竹荪、猴头菌等	
01237·201	鲜鸡棕	
01237·202	鲜竹荪	
01237·203	鲜猴头菌	
01237·204	鲜牛肝菌	
01237·205	鲜牛舌菌	
01237·206	鲜羊肚菌	
01237·207	鲜多孔菌	
01237·208	鲜鸡油菌	
01237·211	鲜马鞍菌	
21317	未煮过的或用蒸汽或开水蒸煮过的冷冻的野生蔬菜和食用菌	
21317·200 ～·399	未煮过的或用蒸汽或开水蒸煮过的冷冻的食用菌	

（续）

代码	产品名称	说明
21317・201	冷冻松茸	
21391・025	金针菇（干）	
21391・033	香菇（干）	
21391・034	草菇（干）	
21391・035	红菇（干）	
21391・036	蘑菇（干）	
21391・037	平菇（干）	
21391・038	凤尾菇（干）	
21391・041	蘑菇干片	
21391・043	猪肝菌	
21393・027	清渍类食用菌蔬菜罐头	
21393・117	醋渍类食用菌蔬菜罐头	
21393・217	调味类食用菌蔬菜罐头	
21393・317	盐渍（酱渍）类食用菌蔬菜罐头	
21412・015	食用菌饮料	
23844・035	食品用富硒食用菌粉	

三、储藏环节

【内容解读】

1. 储藏设施编码

加工企业应对不同储藏设施进行编码，储藏设施可采用数字码，储藏设施编码档案可使用汉字，其内容应至少包括以下信息：位置、冷藏或冷冻温度、相对湿度、环境卫生安全等。例如，成品库设为 4 个分区，应按照分区位置进行编码。

2. 储藏批次编码

加工企业在储藏产品时应对储藏批次进行编码，并记录相关信息。当每天仅有一个储藏批次时，储藏批次代码可用包装日期代码；当每天有多个储藏批次时，应对不同批次进行编码，储藏批次代码可由储藏日期加批次组成，批次代码为数字。储藏批次编码档案可使用汉字，其内容应至少包括入库产品来自的运输批次或逐件记录。

3. 运输设施编码

加工企业应对不同运输设施进行编码，运输设施可采用数字码，运输设施编码档案可使用汉字；其内容应至少包括以下信息：车厢（或船舶）冷藏或冷冻温度、运输时间、环境卫生安全。

4. 运输批次编码

加工企业在运输产品时应对运输批次进行编码，并记录相关信息。当每天仅有一个运输批次时，运输批次代码可用运输日期代码；当每天有多个运输批次时，应对不同批次进行编码，运输批次代码可由运输日期加批次组成，批次代码为数字。运输批次编码档案可使用汉字，其内容应至少包括以下信息：运输产品来自的存储设施、包装批次、逐件记录。

四、销售环节

（一）出库批次编码

【内容解读】

加工企业在产品出库时应对出库批次进行编码，并记录相关信息。当每天仅有一个出库批次时，出库批次代码可用出库日期代码；当每天有多个出库批次时，应对不同批次进行编码，出库批次代码可由出库日期加批次组成，批次代码为数字。出库批次编码档案可使用汉字，其内容应至少包括以下信息：库房号、库房温度、出库数量和时间、卫生条件等。除此以外应有责任人。

【实际操作】

出库批次编码档案信息记录表，见表 2-13。

表 2-13 出库批次编码档案信息记录表

出库日期	批次号	库房号	产品名称	温度	数量	卫生条件	提货人	负责人

（二）销售编码

【内容解读】

销售编码的执行主体是生产者或销售者。编写方式有以下 2 种：

1. 企业编码的预留代码位加入销售代码

生产者编写销售代码时，可在完成生产后由食用菌生产经营主体的销售部门编写。具体实施方案是：可在 NY/T 1761 提到的"国内贸易追溯码"5 个代码段——农业生产经营者主体代码、产品代码、产地代码、批次代码、校验码中，将销售者代码编入"农业生产经营者主体代码"的预留代码位中，位于生产者之后。也就是说，农业生产经营者主体代码是由生产和销售两个主体组成。

销售代码采用数字码为宜。预留代码位数由销售者数量决定，预留 1 位可编入 9 个销售者，预留 2 位可编入 99 个销售者。销售代码可表示销售地区或销售者。若销售者为批发商，则销售代码可表示销售者；若销售者为相对固定的批发商或零售商（如生产企业的直销店），则销售代码可表示销售者；若销售者为相对不固定的零售商，则销售代码可表示销售地区。无论表示销售地区或销售者，都应在质量安全追溯工作规范中表明代码的销售地区或销售者具体名称，以规范工作，实施可追溯，同时也可防止假冒。当销售代码含义改变，由原来销售地区或销售者改为另一个时，必须修改原质量安全追溯工作规范中的代码含义。修改销售代码含义不会影响可追溯，因有批次代码配合。

销售编码是追溯码中最后需确定的代码，销售编码完成后通过校验码的软件计算确定校验码，整个追溯码即完成。追溯码可委托编码公司或农业生产经营者主体自行完成。

例如，上海市黄浦区某食用菌生产公司某加工厂（仅一条生产线，每天生产 5 个批次）于 2020 年 11 月 12 日生产的第 4 批次鲜双孢蘑菇。追溯码编码如下：

农业生产经营者主体代码段：该集团公司代码为 1，下属加工厂为 01（预留 99 个加工厂），销售代码为 01（预留 99 个销售商）。在农产品生产经营主体的质量安全追溯工作规范中应写明下属加工厂的代码、销售商的代码。从业者代码为 10101。

产品代码段：鲜双孢蘑菇为 01237•011（见表 2-12）。

产地代码段：上海市黄浦区为 310101（见表 2-4）。

批次代码段：由生产日期和批次号组成，生产日期为 6 位数，即年份的后 2 位、月份和日的各 2 位组成，因此生产日期为 201112。该厂每天生产批次不超过 9 个批次，批次仅用 1 位数字。因此，批次代码段为 2011124。

校验码：以上代码依次为 1010101237011310101 2011124，共 26 位，

按表 2-11 校验码的计算方法，计算结果为 7。

因此，该追溯码为 101010123701131010120111247，共 27 位。

2. 在企业编码外标出销售代码

生产企业完成追溯码时，产品储存在产品库待销。若遇到临时的批发商或零售商提货时，则销售者可在追溯码外标注销售代码表示销售者，同时保留原追溯码反映生产者。

同样，生产企业应在销售记录中表明该产品销售的去向信息，以规范工作，实施可追溯，同时也可防止假冒。

【实际操作】

可依据 GB/T 7635.2—2002《全国主要产品分类与代码 第 2 部分：不可运输产品》，确定有关食用菌类农产品销售的服务业代码，见表 2-14。

表 2-14 服务业代码

代码	服务业
61119	未另归类的农业原料的批发业服务
61219	在收费和合同基础上的未另归类的农业原料的批发业服务
62119	非专卖店零售未另归类的农业原料提供的服务

例如，将以上示例的鲜双孢蘑菇销售给某批发商，可在生产者的追溯码后另行附代码 61119。

第五节 追溯精度

一、食用菌鲜品

【标准原文】

6.1 食用菌鲜品

追溯精度宜确定为产品批次。当追溯精度不能确定为产品批次时，可根据生产实际确定为栽培场所菇房（棚）或生产者（组）。

【内容解读】

详见第一章第四节的"制订农产品质量安全追溯实施计划"中"（三）追溯精度"相关内容。

二、食用菌初级加工品

【标准原文】

6.2 食用菌初级加工品

追溯精度宜确定为加工原料批次。

【内容解读】

当食用菌栽培环节和加工环节分属于不同农业生产经营主体时，为确保追溯工作的连续性，尤其是一旦发生质量安全问题时，便于查找原因、确认责任主体；以加工原料批次作为追溯精度为宜，应尽可能与收获批次或栽培环节的追溯精度保持一致。

第六节　信息采集

追溯信息、信息采集点以及信息采集方式是解读后续内容的基础。因此，在解读信息采集之前，先对其进行释义。信息的规范、完整、真实、准确是保证质量安全追溯顺利进行的基本条件，信息记录以及电子信息录入的要求将在本节一一展开叙述。

一、追溯信息

每项社会活动依据其所要达到的目的来采集信息。农产品质量安全追溯的目的是产品的可追溯性，以便产品发生质量安全问题时，根据追溯信息确定问题来源、原因及责任主体。因此，它有独特的信息要求，而不同于普通的企业管理。追溯信息主要分为环节信息、责任信息和要素信息3种，生产经营主体在实施质量安全追溯前应先明确其要求。

（一）环节信息

所谓环节，指在农产品生产加工流通过程中农产品物态场所相对稳定、生产工艺条件相对固定、责任主体相对明确的一个阶段。这是划分环节的原则，每个生产经营主体可以有所不同。食用菌生产企业的生产环节可以分为生产、加工销售2个相互独立的生产环节。生产环节包括培养料制作、发菌管理、栽培管理、采收4个环节；加工销售生产环节包括收购、加工、包装、入库、出库销售5个环节。

环节信息在纸质记录上应确切写明环节及其上游单位的名称或代码

（该代码应在管理文件中注明其含义）。例如，一个食用菌加工企业与 4 个农民栽培合作社签订香菇收购协议，每个农民栽培合作社有 3 个栽培户，均按要求实施统一的栽培模式，则该食用菌加工企业组成 4×3＝12 个环节。编码某栽培户时，如第 3 个农民栽培合作社第 2 个栽培户。电子信息代码可编码为 302。

在电子信息中环节由一个或多个组件构成。以上所述 12 个环节，可组成 12 个组件。

（二）责任信息

责任信息是指能界定质量安全问题发生原因以外的信息，即记录信息的时间、地点和责任人。纸质记录信息的时间应尽量接近于农事活动的时间且准确记录，这就要求农事活动结束后能够及时准确地记录；同时，纸质记录也应及时且准确地录入追溯系统。这样，电子信息反映的就是真实的农事活动。鉴于农事活动的特殊性，纸质记录最迟也应于产品销售前全部录入追溯系统。

地点是指记录地点，一般来说，记录地点与环节一致，而在纸质记录上可被省略。

责任人是指进行纸质信息记录的人员和电子信息的录入人员。在记录外购生产投入品时，应记录供应方的信息，以表示其责任。例如，外购农药应记录供应方的生产许可证号、批准文号（若进口农药，则为进口农药注册证号）、登记证号、产品批次号或生产日期。若生产经营主体购买没有生产许可证号的非法厂商农药且造成质量安全事故，则该厂商承担非法生产责任，生产经营主体承担购买非法产品的责任。登记证号是指该农药适用于何种植物；若登记作物为谷物，误用于食用菌，则生产经营主体承担责任。产品批次号或生产日期是界定该农药是农药生产厂商生产的哪一批次或哪一天生产的；以便由有资质的检验机构确定该批次或该天生产的农药有无质量问题，而不是让检验机构检验生产的全部农药产品。因此，生产许可证号、批准文号（若进口农药，则为进口农药注册证号）、登记证号、产品批次号或生产日期是外购农药的不可或缺的责任信息。

（三）要素信息

要素信息是指国家法律法规要求强制记录的信息以及影响追溯产品质量安全的信息。现分述如下：

1. 国家法律法规要求强制记录的信息

依据国家有关法律规定确定要素信息。以农药为例，《农药管理条例》

中规定，农产品生产企业、食品和食用农产品仓储企业、专业化病虫害防治服务组织和从事农产品生产的农民专业合作社等应当建立用药记录，如实记录使用农药的时间、地点、对象以及名称、用量、生产企业等。这些内容都影响到食用菌的农药残留问题。

2. 影响追溯产品质量安全的信息

依据国家有关规定确定要素信息。例如，《农药管理条例》中规定，对于农药生产者，用于食用农产品的农药的标签还应当标注安全间隔期。农药使用者应当遵从安全间隔期收获食用菌，以免造成质量安全事故。

二、信息采集要求

【标准原文】

7.1 信息采集要求

信息采集应真实、及时、规范。信息应以表格形式记录，表格中不应留空项，空项应填"—"；上下栏信息内容相同时不应用省略号"··"，应填"同上"或具体内容；更改方法应采用杠改方式。下一环节的信息中应具有与上一环节信息的唯一性对接的信息，以实现可追溯。

示例：农药使用表中列入通用名、生产企业、产品批次号（或生产日期），能与农药购入记录唯一性对接。

【内容解读】

1. 信息采集方式

（1）纸质记录 农业生产经营主体设计的纸质记录应为表格形式，便于内容规范，易于录入计算机等电子信息采集设备。该表格的形式应符合GB/T 1.1—2020《标准化工作导则 第1部分：标准化文件的结构和起草规则》中规定，应具有表题、表头，所列内容齐全。

（2）电子记录 采用计算机或移动数据终端等采集信息，该信息通过局域网或移动数据终端传输。电子记录应及时备份，以免信息丢失或篡改；还应打印成纸质形式，由责任人签字后备案。

2. 信息记录

（1）纸质记录要求

① 真实、全面。

（a）记录内容与生产活动一致。不应不记、少记、乱记农事活动及投入品使用情况。

（b）记录人真实。由实际当事人记录并签名，不同部门的记录人不可代签名。

（c）记录时间真实。应真实反映农事活动发生的时间。

（d）记录所有应该记录的信息。包括上述的环节信息、责任信息和要素信息。

② 规范、及时。

（a）格式化。首先，表题确切。每个表都应有一个表题，标明表的主题，如"农药使用信息表"。加入时间和环节信息则更好，如"2020年第一菇房农药使用信息表"，便于归档，以免繁琐地在表内或表下重复写入时间和环节信息。

其次，表头包含全部信息项目。各项内容不重复、不遗漏；信息项目包括环节信息，生产链始端的环节应符合追溯精度，生产链终端的环节（如销售记录）应符合追溯深度（如销售商或批发商）；每个环节信息应包含上游环节（可用名称或代码）的部分信息（如农药使用记录的通用名、生产商名称、批次号或生产日期），可唯一性地追溯到上游（农药库或供应商），否则无法实施可追溯。要素信息包括工艺条件、投入品、检验结果等。责任信息包括时间、地点、责任人。

环节信息和时间信息的年份可列于表题，表头仅涉及日期，对于需要数天才完成的农事，应列出时间的起始。责任人可列于表头或表下。

最后，表头项目所有量值单位应是法定计量单位。单位应具体，同一项目的单位应一致，如 m^2（平方米）、kg（千克）。

（b）记录清晰、持久。用不褪色笔，字迹清晰，每栏均需记录（若无内容，则记"无"），用杠改法修改（用单线或双线划在原记录内容上，且能显示原内容，修改人签字或盖章以示负责）。这样的记录使任何人无法篡改，只有记录人负责。

（c）生成追溯码前应将所有纸质和电子记录及时上传。

（d）追溯产品投放市场前所有纸质和电子记录要齐全。

（2）电子记录录入

① 录入及时性。信息录入人员收到纸质记录后，应及时录入计算机，确保产品上市前信息录入完毕。

② 录入准确性。

（a）准确地将纸质记录录入计算机等电子信息录入设备，并确保电子信息与纸质信息一致。

（b）若录入人员发现纸质信息有误，应通知纸质记录人员按杠改法修改，计算机操作人员无权修改纸质记录。

（3）原始记录档案保存

① 原始记录应及时归档，装订成册，每册有目录，查找方便。

② 原始档案应有固定场所保存，有防止档案损坏、遗失的措施。

3. 可追溯

记录能与上一环节唯一性对接的信息，以实施可追溯。例如，农药使用记录表应有农药通用名、生产厂商、批次号（或生产日期）。这 3 项内容可与农药购买记录表上的农药通用名、生产厂商、批次号（或生产日期）唯一性对接，追溯时不至于追溯到其他农药、其他生产厂商生产的同名农药、同一生产厂商生产同名但不同批次的农药，保证质量安全追溯的顺利进行；否则，会造成质量安全追溯的中断或不能达到预想的效果。

若农药采购和使用由一个农业生产经营主体（如栽培户组）承担，则农药采购和使用可合并为一个表格。栽培户组农药采购和使用信息表见表 2-15。

表 2-15　栽培户组农药采购和使用信息表

序号	环节	采集点	通用名	生产商名称	生产许可证号	登记证号	产品批次号（或生产日期）	购买数量（瓶）	有效期	使用作物及防治对象	剂型及含量	稀释倍数	使用量（g或mL/m²）	使用方法	安全间隔期	使用时间	使用地块	使用人	采收时间	备注

表 2-15 中"使用作物及防治对象"适用于多品种追溯产品。

若农药采购和使用由不同农业生产经营主体承担，前者由采购部承担，后者由栽培户组承担，则设计成两张表。农药采购信息表见表 2-16；栽培户组农药使用信息表见表 2-17。

表 2-16　农药采购信息表

序号	环节	采集点	通用名	生产商名称	生产许可证号	登记证号	产品批次号（或生产日期）	购买数量（瓶）	有效期	安全间隔期	购买时间	购买人	备注

表 2-17　栽培户组农药使用信息表

序号	环节	采集点	通用名	生产商名称	产品批次号（或生产日期）	使用作物及防治对象	剂型及含量	稀释倍数	使用量（g或mL/m²）	使用方法	安全间隔期	使用时间	使用地块	使用人	采收时间	备注

表2-16及表2-17依据通用名、生产商名称、产品批次号（或生产日期）可以作唯一性对接，实施追溯；或者在使用信息表上用农药采购序号代替生产商名称、产品批次号（或生产日期），也可作唯一性对接，实施追溯。

所有信息的记录内容要真实、全面、规范、及时。记录内容与生产活动一致，具体结合相关的生产活动流程科学设计。

三、信息采集点设置

【标准原文】

7.2 信息采集点设置

应在食用菌产品生产、加工、检验、包装、储运、销售等环节设置信息采集点。

【内容解读】

1. 合理设置信息采集点的方法

（1）在质量安全追溯的各个环节上设置信息采集点 食用菌产品的信息采集点一般在栽培环节的栽培管理（培养料制作、发菌管理、出菇管理）、采收、储运，以及加工环节的食用菌收购、加工、检验、包装、储运销售，设置8个信息采集点（图2-3）。

（2）依据追溯精度保留或合并多个信息采集点 例如，农民专业合作社有3个秀珍菇栽培基地，每个栽培基地有6个栽培户。当追溯精度为栽培基地时，且各栽培基地均按要求实施统一的栽培模式，则在每个栽培基地设置1个信息采集点，再加上农业生产资料购买部门、采收部门和储运部门，共设置6个信息采集点。若追溯精度为栽培户组，且按3个栽培户编组较易于生产管理，则每个栽培基地内的6个栽培户可合并为2个栽培户组，设置2个信息采集点，3个栽培基地共有6个信息采集点，再加上农业生产资料购买部门、采收部门和储运部门，共设置9个信息采集点。

（3）若同一环节内的要素信息有不同责任主体，则除了以上环节信息采集点外，还应在环节中设置要素信息采集点 例如，农民专业合作社的栽培环节中农药采购不是由栽培户负责，由专门的农药采购部门负责，则应增加农药采购信息采集点。

（4）若某工艺段同时可设为环节信息采集点和要素信息采集点，则仅设一个信息采集点 例如，农民专业合作社有2个发菌大棚，有10个出菇大棚。菌种发满后由统一部门收集，再分配给10个出菇大棚，则收集部门这个环节，不必设立信息采集点，直接与出菇大棚合并为1个信息采集点。

2. 设置信息采集点时的注意事项

（1）与质量安全无关的工艺段，不设信息采集点　例如，杏鲍菇栽培过程中的发菌培养环节，接种的类型有固体菌种和液体菌种，只影响发菌的速度，而发菌的速度并不影响产品标准规定的质量。由此可见，质量安全追溯不同于"全面质量控制"（TQC）。

（2）一台计算机可用于若干信息采集点　多个信息采集点的纸质记录，可利用一台计算机进行录入，则计算机数量可以少于信息采集点数量。

（3）信息采集点不应多设，也不应漏设　多设会使信息采集繁琐，漏设会使信息缺失、断链乃至质量追溯无法进行。

（4）同一质量安全项可发生在数个工艺段上，应设数个信息采集点　例如，双孢蘑菇中多菌灵可发生在原料购买、出菇管理、化验室3个工艺段，这3个工艺段都应设置信息采集点，以便追溯责任主体。

四、信息采集内容及生产环节信息

【标准原文】

7.3　信息采集内容

信息采集内容应包括环节信息（名称或代码）、责任信息（信息采集的地点、时间和责任人）及要素信息。要素信息包含但不限于以下内容。

7.3.1　生产环节

7.3.1.1　菌种制备信息：应采集菌种名称、来源、等级等信息；

7.3.1.2　原材料信息：应采集栽培基质（主料、辅料）名称、来源、比例等信息；

7.3.1.3　栽培管理信息：应采集栽培数量、起止日期、菌包培养（时间、条件）、基质发酵、发菌、出菇管理等信息；

7.3.1.4　投入品管理信息：应采集栽培食用菌所用农药、清洗消毒剂等投入品的购入、使用信息，包括通用名、生产企业、生产许可证号、产品批次号（或生产日期）、采购人、购入日期、有效期、剂型、混配配方、稀释倍数、使用方式、使用量、使用频率和日期、安全间隔期、使用人等信息；

7.3.1.5　环境条件信息：应采集温度、湿度、光照、通风等信息；

7.3.1.6　采收信息：应采集采收时间、地点、采收人等信息；

7.3.1.7　其他信息：包括栽培方式、用水水质、栽培基质（pH、检测）等信息。

（一）菌种制备信息

【内容解读】

1. 菌种

菌种是指生长在适宜基质上具有结实性的菌丝培养物。菌种制作是食用菌栽培的第一步，菌种的优劣直接影响着食用菌生产栽培的产量和质量。

2. 菌种来源

（1）自制菌种　菌种生产企业应按照 NY/T 528—2010《食用菌菌种生产技术规程》进行菌种生产。对于规模化的食用菌生产企业，因菌种使用量大，采用自制菌种（组织分离或者扩繁）生产时，菌种制作宜符合 NY/T 1731—2009《食用菌菌种良好作业规范》。

（2）购入菌种　根据 2015 年 4 月 29 日农业部令 2015 年第 1 号修订的《食用菌菌种管理办法》，从事菌种生产经营的单位和个人，应当取得《食用菌菌种生产经营许可证》。仅从事栽培种经营的单位和个人，可以不办理《食用菌菌种生产经营许可证》，但经营者要具备菌种的相关知识，具有相应的菌种储藏设备和场所，并报县级人民政府农业行政主管部门备案。因此，食用菌生产经营主体购买菌种时，应向具有菌种生产资质的单位购买。

3. 菌种等级

从菌种的分离接种途径进行分类，根据食用菌生产栽培对所用菌种的制种工艺程序、分离接种途径等综合因素的不同要求，可把菌种分为三级。

（1）一级种（母种）　经各种方法选育得到的具有结实性的菌丝体纯培养物及其继代培养物。原始母种数量较少，一部分原始母种作为储藏保存之用，另一部分在无菌条件下进行再次转管扩大成母种，用于生产。

（2）二级种（原种）　由母种移植、扩大培养而成的菌丝体纯培养物。其培养基是以天然材料为主，添加适量可溶性营养物质配制而成的固体培养基。该培养基更接近于生产基质。为保证三级种应有的高纯度，二级种的菌种培养基要采用高压灭菌。

（3）三级种（栽培种）　由原种移植、扩大培养而成的菌丝体纯培养物。栽培种只能用于栽培，不可再次扩大繁殖菌种。三级种生产量大，宜使用高压灭菌，以减少污染率。

一般是将三级种直接用于食用菌生产上，但对于规模较小的生产经营主体，仅制作二级种就可满足生产需要。在生产中，使用的菌种应记录其等级，以实现菌种制作到菌种使用的追溯。

【实际操作】

1. 菌种名称（标签）

菌种名称应记录到品种名称，宜指明在食用菌标准菌株库或菌种专业保藏机构或专利菌种保藏机构的编号等，如双孢蘑菇 W192。

购入的每支（瓶、袋）菌种应贴有清晰注明一下信息的标签：种类及品种、生产单位、接种日期。购入的时间应有记录。

自制的菌种，也应贴有标签，注明种类及品种、接种日期。可采取编号形式，实现与上一环节（上一级菌种制备或组织分离等）的追溯。

2. 菌种的检验

菌种在投入生产使用前，应进行检验。

NY/T 1846—2010《食用菌菌种检验规程》中规定：菌种具有真实性、菌丝微观形态、培养特征、杂菌和虫（螨）体、菌丝生长速度、母体栽培性状、标签及感官中的菌种外观、斜面背面外观、气味等均符合标准要求的，为合格菌种。

NY/T 1742—2009《食用菌菌种通用技术要求》提出了母种、原种、栽培种的质量要求：

（1）母种

① 容器规格符合 NY/T 528—2010《食用菌菌种生产技术规程》规定。

② 母种感官要求应符合表 2-18 的规定。

③ 母种培养特征应符合表 2-19 的规定。

④ 母种微生物要求无杂菌。

⑤ 母种菌丝生长速度应符合表 2-20 的规定。

⑥ 母种应栽培性状清楚，经出菇试验确证农艺性状和商品性质等种性合格后，方可用于扩大繁殖或出售。产量性状在适宜条件下生物学效率应符合表 2-21 的规定。

表 2-18　母种感官要求

项目	要求
容器	洁净、完整
棉塞或无棉塑料盖	干燥、洁净、松紧适度，能满足透气和滤菌要求
斜面长度	顶端距棉塞 30～50 mm
接种量（接种物）	(3～5 mm)×(3～5 mm)
培养基	贴壁、无干缩、无积水

（续）

项目		要求
菌种外观	菌丝生长量	长满斜面
	菌丝体特征	均匀、菌丝无倒伏
	杂菌菌落、虫（螨）体	无
	角变	无
	拮抗线	无
气味		无异味

表 2-19　母种培养特征要求

种类	要求			
	表面	背面	边缘	其他
平菇	洁白、浓密、旺健、棉毛状、均匀、舒展、平整、菌丝有爬壁现象	无色素	整齐	—
香菇	洁白浓密、棉毛状、均匀、平整	接种块下褐色素有或无	整齐	—
黑木耳	洁白、纤细、平贴培养基生长、均匀、平整	褐色素有或无	整齐	—
毛木耳	洁白、较浓密、绒毛状、后期有浅褐色气生菌丝	接种块下褐色素有或无	整齐	—
双孢蘑菇	洁白或米白、浓密、羽毛状、均匀、平整	无色素	较整齐	—
金针菇	白色、致密、均匀、舒展、平整	有或无	整齐	无明显粉状物
榆黄蘑	白色至微黄色、绒毛状、不均匀	无色素	较整齐	后期菌皮有或无
白灵菇	洁白、健壮、棉毛状、均匀、舒展、平整、色泽一致	无色素	较整齐	—
杏鲍菇	洁白、健壮、棉毛状、均匀、舒展、平整、色泽一致	无色素	较整齐	—
茶树菇	白色、丝状、致密、均匀、舒展、平整	有色素	整齐	后期产生褐色至黑褐色画皮
鸡腿菇	白色至暗白色、粗绒毛状、气生菌丝发达、均匀	有色素	整齐	—

（续）

种类	要求			
	表面	背面	边缘	其他
灵芝	丝状或绒毛状、致密、均匀、舒展、初白色后浅黄色	无色素	整齐	后期菌皮有或无
茯苓	苍白色至浅驼色，绒毛状、均匀、舒展、平整	无色素	较整齐	旺健
猴头菌	绒毛状、均匀、舒展	无色素	整齐	—
灰树花	绒毛状、致密、均匀、舒展	无色素	整齐	—
草菇	菌丝放射状、苍白色至浅驼色、半透明、有光泽、气生菌丝充满试管空间、菌丝无倒伏、有或无锈红色点状物	无色素	较整齐	—
滑菇	菌丝棉絮状、较短、均匀，菌落较薄，微黄色	无色素	整齐	—

表 2-20 母种菌丝生长速度

种类	要求		
	起始 pH	培养温度（℃）	长满 ϕ90 mm 平板天数（d）
平菇	自然	25±1	7～9
香菇	自然	25±1	14～16
黑木耳	自然	26±1	14～16
毛木耳	自然	28±1	14～16
双孢蘑菇	自然	23±1	28～32
金针菇	自然	23±1	10～14
榆黄蘑	自然	26±1	8～12
白灵菇	自然	25±1	12～16
杏鲍菇	自然	25±1	12～14
茶树菇	自然	25±1	12～14
鸡腿菇	自然	25±1	10～13
灵芝	自然	29±1	12～15
茯苓	自然	26±1	14～18
猴头菌	5.5	24±1	28～35

（续）

种类	要求		
	起始pH	培养温度（℃）	长满 $\phi 90$ mm平板天数（d）
灰树花	自然	25±1	14～18
草菇	自然	33±1	4～6
滑菇	自然	23±1	10～14

表 2-21　食用菌菌种栽培的产量要求（生物学效率，%）

种类	要求	种类	要求
平菇	≥100	茶树菇	≥55
香菇	≥80	鸡腿菇	≥70
黑木耳	≥70	灵芝	≥60
毛木耳	≥100	茯苓	≥30
双孢蘑菇	≥32	猴头菌	≥60
金针菇	≥70	灰树花	≥40
榆黄蘑	≥90	草菇	≥15
白灵菇	≥30	滑菇	≥70
杏鲍菇	≥40		

（2）原种和栽培种

① 容器规格应符合 NY/T 528—2010 规定。

② 原种和栽培种感官要求应符合表 2-22 规定。

③ 原种和栽培种微生物学要求无杂菌。

使用 750 mL 菌种瓶培养，培养料装至瓶肩，中间打孔至瓶底，生长速度应符合表 2-23 要求。

表 2-22　原种和栽培种感官要求

项　目	要　求	
	原种	栽培种
容器	洁净、完整	
棉塞或无棉塑料盖	干燥、洁净，松紧适度，能满足透气和滤菌要求	
培养基上表面距瓶（袋）口的距离	50 mm±5 mm	
接种量（接种物大小）	≥12 mm×12 mm	30～50 瓶（袋）/瓶（原种）
菌丝生长量	长满培养料的 80% 以上	

(续)

项　目		要　求	
		原种	栽培种
培养基		贴壁、无干缩	
气味		无异味	
外观	菌丝体特征	均匀	—
	角变	无	无
	杂菌菌落、虫（螨）体	无	无
	拮抗线	无	无
	高温抑制线（高温圈）	无	无
	菌皮	无	—
	分泌物	少量	无
	子实体原基	不允许	不允许

表 2 - 23　原种和栽培种菌丝生长速度

种类	要求		
	培养温度（℃）	原种长满瓶天数（d）	栽培种长满瓶天数（d）
平菇	25±1	≤30	≤25
香菇	24±1	≤50	≤45
黑木耳	24±1	≤45	≤40
毛木耳	26±1	≤35	≤30
双孢蘑菇	21±1	≤45	≤40
金针菇	22±1	≤35	≤30
榆黄蘑	26±1	≤35	≤30
白灵菇	25±1	≤45	≤40
杏鲍菇	25±1	≤40	≤35
茶树菇	25±1	≤45	≤45
鸡腿菇	25±1	≤40	≤35
灵芝	28±1	≤38	≤38
茯苓	24±1	≤35	≤35
猴头菌	24±1	≤40	≤35
灰树花	25±1	≤40	≤35
草菇	30±1	≤20	≤15
滑菇	22±1	≤30	≤30

（3）菌种制备信息记录内容

应采集菌种名称、来源、等级等信息。菌种制备信息记录表见表2-24。

表2-24 菌种制备信息记录表

菌种名称（编号）	来源	菌种等级	接种时间	责任人

（二）原材料信息

【内容解读】

1. 原材料类型

食用菌栽培中用到的原材料包括作为栽培基质的主料、辅料及覆土材料。栽培基质为食用菌生长繁殖提供营养的物质，覆土材料用于促进生殖生长。

（1）主料 以满足食用菌生长所需要的碳源为主要目的的原料。多为木质纤维类的农林副产品，如木屑、棉籽壳、麦秸、稻草等。

① 木屑：木腐菌栽培种最主要的碳源之一。不同菌类对木屑质地、纯度、颗粒度的要求不同，应根据生长需求选择适宜树种的木屑及规格。木屑用作栽培基质，一般需经过筛、堆积、喷淋后再发酵。

② 玉米芯：玉米果穗脱去籽粒的穗轴，经粉碎制成玉米芯颗粒。既是很好的碳源也是氮源。玉米芯颗粒保水性较好，具有一定的固形体积，为菌丝蔓延提供架构空间。玉米芯颗粒作为栽培基质需注意含水量、颗粒度等，使用前预湿彻底。玉米芯存储仓库地面需进行防潮处理，垛间留散热通道，防止结块、霉变。

③ 棉籽壳：棉花加工后的下脚料，由籽壳和附着在壳表面的短棉绒，以及少量混杂的破碎棉籽仁组成。结构疏松，可提高培养料孔隙度，并具有良好的吸水性。不同等级棉籽壳含绒量、含籽壳差别较大，注意选择适宜等级。棉籽壳含有棉酚，可能会影响食用菌产品的产量、质量。

④ 甘蔗渣：含丰富的纤维素，木质素含量少，具有高孔隙度、较高持水率的特点。甘蔗渣含有残留糖分，堆积发酵过程中需翻堆，以发酵均匀。

⑤ 稻草：主要用于双孢蘑菇、草菇等草腐菌栽培，使用前充分预湿。

（2）辅料 以满足食用菌生长所需要的有机氮源为主要目的的原料。

多为较主料含氮量高的糠、麸、饼肥、鸡粪、玉米粉、大豆粉等。

① 玉米粉：玉米粒经过粉碎机粉碎后的产物。储存过程中易氧化变质，不宜购入后长期储存。玉米粉选购时注意含水量、颗粒度。

② 米糠：糙米生产过程中，米粒从谷壳中剥离，进一步加工精米时，从米粒上剥离出的茶色米皮。生产过程中，从米粒外表剥离的茶色米皮。既是碳源又是氮源，能够直接被菌丝利用。米糠出壳后易氧化酸败，不易保存。米糠选购应注意含水量、颗粒度及油脂含量等。

③ 麦麸：作为氮源使用，尽量保证麦麸质量的稳定，避免影响食用菌产量和品质。

④ 鸡粪：作为氮源使用，常用于双孢蘑菇栽培，充分发酵后使用。

（3）覆土材料　用来覆盖在已长满菌丝的培养料表面。食用菌栽培生产用土应采用天然的、未受污染的泥炭土、草炭土、林地腐殖土或农田耕作层以下的壤土。使用前需进行消毒，调水形成含水量适宜的团粒结构。

2. 原材料来源

（1）专业原材料供应商　规模大、质量稳定，可为食用菌生产提供适宜性状的原材料。

（2）相关农场　可按照原材料使用标准进行加工。

【实际操作】

1. 原料使用要求

① NY 1935—2010《食用菌栽培基质质量安全要求》中关于原料的要求：

主料：除桉樟、槐、苦楝等含有害物质树种外的阔叶树木屑；自然堆积6个月以上的针叶树种的木屑；稻草、麦秸、玉米芯、玉米秸、高粱秸、棉籽壳、废棉、棉秸、豆秸、花生秸、花生壳、甘蔗渣等农作物秸秆皮壳；糠醛渣、酒糟、醋糟。要求新鲜、洁净、干燥、无虫、无霉、无异味。

辅料：麦麸、米糠、饼肥（粕）、玉米粉、大豆粉、禽畜粪等。要求新鲜、洁净、干燥、无虫、无霉、无异味。

栽培基质污染物限值要求见表2-25。

表2-25　食用菌及其他栽培基质中总汞、总砷、总镉参考限值

单位：mg/kg

项目	指标
总汞	≤0.1
总砷	≤0.8
总镉	≤0.3

覆土材料的总汞、总砷、总镉、总铅指标应符合 GB 15618 的要求（表 2-26、表 2-27）。

表 2-26 农用地土壤污染风险筛选值（基本项目）

单位：mg/kg

序号	污染物项目		风险筛选值			
			pH≤5.5	5.5＜pH≤6.5	6.5＜pH≤7.5	pH＞7.5
1	镉	水田	0.3	0.4	0.6	0.8
		其他	0.3	0.3	0.3	0.6
2	汞	水田	0.5	0.5	0.6	1.0
		其他	1.3	1.8	2.4	3.4
3	砷	水田	30	30	25	20
		其他	40	40	30	25
4	铅	水田	80	100	140	240
		其他	70	90	120	170

表 2-27 农用地土壤污染风险管制值

单位：mg/kg

序号	污染物项目	风险管制值			
		pH≤5.5	5.5＜pH≤6.5	6.5＜pH≤7.5	pH＞7.5
1	镉	1.5	2.0	3.0	4.0
2	汞	2.0	2.5	4.0	6.0
3	砷	200	150	120	100
4	铅	400	500	700	1 000

② NY/T 391—2021《绿色食品 产地环境质量》中的要求，见表 2-28、表 2-29。

表 2-28 食用菌栽培基质质量要求

单位：mg/kg

项目	指标	检测方法
总汞	≤0.1	GB/T 22105.1
总砷	≤0.8	GB/T 22105.2
总镉	≤0.3	GB/T 17141
总铅	≤35	GB/T 17141

表 2-29 土壤质量要求

单位：mg/kg

项目	旱田			水田			检测方法
	pH<6.5	6.5≤pH≤7.5	pH>7.5	pH<6.5	6.5≤pH≤7.5	pH>7.5	NY/T 1377
总镉	≤0.30	≤0.30	≤0.40	≤0.30	≤0.30	≤0.40	GB/T 17141
总汞	≤0.25	≤0.30	≤0.35	≤0.30	≤0.40	≤0.40	GB/T 22105.1
总砷	≤25	≤20	≤20	≤20	≤20	≤15	GB/T 22105.2
总铅	≤50	≤50	≤50	≤50	≤50	≤50	GB/T 17141
总铬	≤120	≤120	≤120	≤120	≤120	≤120	HJ 491
总铜	≤50	≤60	≤60	≤50	≤60	≤60	HJ 491

注1：果园土壤中铜限量值为旱田中铜限量值的2倍。

注2：水旱轮作的标准值取严不取宽。

注3：底泥按照水田标准执行。

2. 原材料收购与储存

原料的选择需来自安全生产农区或林区，应符合相关标准。

对规模化生产企业，选择的原材料应尽量保持稳定，可采取以下措施：

① 根据栽培食用菌品种，选择适宜的原材料，制定原材料的相关标准，包括含水量、pH、颗粒度、碳含量、氮含量等理化性质。

② 严格选择原材料供货商，对新的供货商提供的原料进行检测，合格后才能成为供货商，建立供货商的评价及追踪制度，要求供货商对原料来源（栽培基地及品种）进行留档备案。

③ 对每批原料进行基础检测，在符合标准之后，可入库保存待用。

④ 定期监测原料的农药残留、重金属等有毒有害物质，做好监测记录，有问题及时向原料供货商或采购基地反馈。

原料储存库应防雨、防潮、通风、地面硬化，安装防鼠设施。

原料应分区储存，根据先入先出的原则使用。

已霉变、虫蛀严重的原料不能用作栽培基质，需标识并及时处理。

3. 原材料信息记录内容

原材料收购记录表见表 2-30。

表 2-30 原材料收购记录表

收购日期	原材料名称	来源	比例	运输车船号	数量（t）	承运人

① 来源：供货商名称，或来自哪个县域（乡镇）或农场等地域名称。

② 比例：混配好的原料中各成分的比例。

③ 运输车船号：运输车辆或船舶的号牌，应当填写完整和规范。

④ 承运人：车船运输人。

4. 仓储管理记录内容

仓储管理记录见表2-31。

表 2-31　仓储管理记录示例

仓号	日期	类型（入库或出库）	原材料名称	数量（t）	保管员

（三）栽培管理信息

【内容解读】

1. 栽培的关键环节及其要求

食用菌栽培过程有多个关键环节的信息需采集，包括培养料制备、发菌管理、出菇管理等，环节信息和责任信息需有记录，但不需详述。

（1）培养料制备

① 培养料配方。不同菌类降解酶系不同。按培养基质的不同，食用菌可分为木腐菌和草腐菌；木腐菌以降解木质素为主，草腐菌以降解纤维素、半纤维素为主。根据食用菌种性、栽培基质的含碳量和含氮量，以及培养料的孔隙度、持水率等，来选择适宜配方。

② 原材料预处理。木屑、甘蔗渣、稻秸秆、麦秸秆等原材料均需预湿后再作为栽培基质使用。

③ 培养料混合。用搅拌机将不同栽培基质按比例混合。调节培养料的含水量和 pH。

④ 填料。根据栽培模式的不同，填料方式包括装瓶、装袋、上料等。

（a）袋（瓶）式栽培：各菇类外观要求不同，栽培习惯不同，栽培使用的袋子规格不同，所容纳的培养料量也不同。

（b）床式栽培：双孢蘑菇、草菇等多采用床式栽培，培养料混合后直接放到床架上，再菇房内进行发酵、灭菌。也有先将培养料集中消毒（灭菌）后，再放置到床架上。

⑤ 消毒（灭菌）。包括高压灭菌、常压灭菌、巴氏消毒等。在工厂化栽培模式中，培养料灭菌结束后，需在净化环境条件下冷却，防止倒吸。

另外,栽培基质制备过程中使用的设备和工具应保持清洁,不应对栽培基质造成污染。灭菌设备应符合国家相关标准规定,并由具有相关资质人员操作,定期检修。

(2)接种

① 接种场地:保持清洁无异物,定期消毒;接种前后严格消毒;生料栽培应在环境洁净的地方接种。

② 接种工具:接种前后严格消毒。

③ 接种操作:在无菌条件下进行。

(3)发菌管理 根据栽培菇种,在适宜的温度、湿度、光照和通风设施条件下发菌,防止高温高湿、通风不良而引起病虫害。防止高温烧菌。发好的菌袋(瓶)、床面应长满菌丝,菌丝生长健壮,均匀,无杂色斑。

(4)出菇管理 主要为出菇环境控制。根据栽培菇种,控制温度、湿度、通风和光照,根据栽培设施和季节变化合理控制,确保菇体健壮生长。

【实际操作】

1. 生产技术标准

根据栽培品种及设施条件,制定生产技术标准,可参考国家标准或行业标准,如 NY/T 2375—2013《食用菌生产技术规范》、GB/Z 26587—2011《香菇生产技术规范》、NY/T 2018—2011《鲍鱼菇生产技术规程》、GH/T 1325—2021《白玉菇生产技术规程》、NY/T 3560—2020《茶树菇生产技术规程》。

2. 病虫害防控

坚持"预防为主,综合防治"的方针。

(1)发菌阶段杂菌及病害防控 发菌过程中经常检查,及时清除已被杂菌污染或感病的菌袋(瓶);草腐菌可采用挖去杂菌、感病团块,或用石灰控制杂菌和病害蔓延。清出后的污染菌袋或培养料不能随意丢弃,应及时进行无害化处理。在接种、发菌、出菇区周围,严格控制病害的发生和蔓延。

(2)发菌阶段虫害防控 宜使用杀虫灯或毒饵诱杀害虫,或使用生物制剂和高效、低毒、低残留的化学药剂,对地面、墙壁或空间进行杀虫。选择已登记可在食用菌上使用的低毒、低残留农药,用药量、使用方法按登记要求进行。覆土材料宜取耕作层 25 cm 以下的土壤或山地黄壤、泥炭土,暴晒后加石灰处理。不宜使用杂菌量大的塘泥、菜园土。

(3)出菇阶段的病虫害防控 发现病害,应降低菇房(棚)内空气湿度,加强通风。宜采用多项物理方法相结合防控虫害。通风处安装孔径为

0.21～0.25（单位）的防虫网，棚内挂黄色粘虫板、诱虫灯，及时清理病虫感染菌袋。在必须使用化学农药时，应选择已登记可在食用菌上使用的低毒、低残留农药，用药量、使用方法按登记要求进行。使用化学药剂应在出菇间隙期进行，药物不可直接接触菇体，安全间隔期过后再进行催蕾出菇。

（4）菌渣处理　出菇结束后，废弃菌包及菌渣应进行及时清理并运离产地，出菇场地清洁后进行灭虫和消毒处理。

3. 栽培管理信息采集的内容

（1）栽培面积　一般菇房栽培以栽培面积计算，单位为 m^2。

（2）栽培数量　一般袋栽或瓶栽需统计栽培数量，单位为袋或瓶。

（3）菌种情况　至少应记录到栽培种。

农事操作的关键环节需记录起始时间，如接种、发菌管理、出菇管理、采收等时间。栽培管理记录见表 2-32。

表 2-32　栽培管理记录

基本情况	编号	栽培者	菇房编号	栽培面积	栽培数量	
菌种情况	菌种名称	菌种来源	菌种等级	责任人		
培养料制作	栽培基质预处理	原材料名称				
		来源				
		使用量				
		使用日期				
		预处理方式				
	其他栽培基质	原材料名称				
		来源				
		使用量				
	拌料灭菌	拌料日期	检测（pH、含水量）	消毒（灭菌）方式	消毒（灭菌）时间	责任人
作业项目	接种	发菌管理	出菇管理	采收		
起止日期						
责任人						

（四）投入品管理信息

【内容解读】

1. 化学添加剂

泛指培养料中的各种化工产品，包括化肥类、无机盐类、植物生长调节剂、杀菌剂等（根据 GB 12728 描述）。

食用菌栽培基质常用化学添加剂种类、功效、用量和使用方法。依照 NY/T 5099—2002《无公害农产品　食用菌栽培基质安全技术要求》的规定（表 2-33）。

表 2-33　食用菌栽培基质常用化学添加剂种类、功效、用量和使用方法

添加种类	使用方法与用量
尿素	补充氮源营养，0.1%～0.2%，均匀拌入栽培基质中
硫酸铵	补充氮源营养，0.1%～0.2%，均匀拌入栽培基质中
碳酸氢铵	补充氮源营养，0.2%～0.5%，均匀拌入栽培基质中
氢氧化钙（石灰氮）	补充氮源和钙素，0.2%～0.5%，均匀拌入栽培基质中
磷酸二氢钾	补充磷和钾，0.05%～0.2%，均匀拌入栽培基质中
磷酸氢二钾	补充磷和钾，用量 0.05%～0.2%，均匀拌入栽培基质中
石灰	补充钙素，并有抑菌作用，1%～5%，均匀拌入栽培基质中
石膏	补充钙和硫，1%～2%，均匀拌入栽培基质中
碳酸钙	补充钙，0.5%～1%，均匀拌入栽培基质中

2. 农药

栽培环节使用。农药的作用是防治虫、菌，分别有杀虫剂、杀菌剂。已在食用菌上登记的农药见表 2-34。

表 2-34　食用菌登记农药

农药名称	类型	登记证号	有效成分及含量	作物（或范围）	防治对象
氯氟甲维盐	杀虫剂	PD20120886	高效氟氯氰菊酯 4%、甲氨基阿维菌素苯甲酸盐 0.3%	食用菌	菌蛆、螨
咪鲜胺锰盐	杀菌剂	PD2386-2003	咪鲜胺锰盐 50%	蘑菇	白腐病、褐腐病
咪鲜胺锰盐	杀菌剂	PD20151437	咪鲜胺锰盐 50%	蘑菇	褐腐病
咪鲜胺锰盐	杀菌剂	PD20070614	咪鲜胺锰盐 50%	蘑菇	褐腐病
咪鲜胺锰盐	杀菌剂	PD20070522	咪鲜胺锰盐 50%	蘑菇	湿泡病

（续）

农药名称	类型	登记证号	有效成分及含量	作物（或范围）	防治对象
噻菌灵	杀菌剂	PD20070316	噻菌灵 500 g/L	蘑菇	褐腐病
噻菌灵	杀菌剂	PD20050096	噻菌灵 40%	蘑菇	褐腐病
二氯异氰尿酸钠	杀菌剂	PD20160913	二氯异氰尿酸钠 50%	平菇	木霉菌
二氯异氰尿酸钠	杀菌剂	PD20130483	二氯异氰尿酸钠 40%	平菇	木霉菌
二氯异氰尿酸钠	杀菌剂	PD20090008	二氯异氰尿酸钠 40%	平菇	木霉菌
二氯异氰尿酸钠	杀菌剂	PD20120711	二氯异氰尿酸钠 66%	菇房	霉菌
三十烷醇	植物生长调节剂	PD20080872	三十烷醇 0.1%	平菇	调节生长

3. 消毒剂

用于杀灭介质中的有害生物，使其达到无害化要求的制剂，如甲醛、苯酚等。

常用消毒剂及其使用方法按 NY/T 2798.5—2015《无公害农产品 生产质量安全控制技术规范 第 5 部分：食用菌》的规定执行（表 2 - 35）。

表 2 - 35 食用菌生产场所常用消毒剂及使用方法

名称	使用方法	适用对象
乙醇	75%，浸泡或涂擦	接种工具，子实体表面、接种台、菌种外包装、接种人员的手等
紫外灯	直接照射，紫外灯与被照射物距离不超过 1.5 m，每次 30 min 以上	接种箱、接种台等，不应对菌种进行紫外照射消毒
紫外灯	直接照射，离地面 2 m 的 30 W 灯可照射 9 m² 房间，每天照射 2～3 h	接种室、冷却室等，不应对菌种进行紫外照射消毒
高锰酸钾/甲醛	高锰酸钾 5 g/m³ + 37% 甲醛溶液 10 mL/m³，加热熏蒸，密闭 24～36 h，开窗通风	培养室、无菌室、接种箱
高锰酸钾	0.1%～0.2%，涂擦	接种工具、子实体表面、接种台、菌种外包装等
酚皂液（来苏儿）	0.5%～2%，喷雾	无菌室、接种箱、栽培房及床架
酚皂液（来苏儿）	1%～2%，涂擦	接种人员的手等皮肤
酚皂液（来苏儿）	3%，浸泡	接种器具
苯扎溴铵溶液（新洁尔火）	0.25%～0.5%，浸泡、喷雾	接种人员的手等皮肤、培养室、无菌室、接种箱，不应用于器具消毒

（续）

名称	使用方法	适用对象
漂白粉	1%，现用现配，喷雾	栽培房和床架
	10%，现用现配，浸泡	接种工具、菌种外包装等
硫酸铜/石灰	硫酸铜 1 g＋石灰 1 g＋水 100 g，现用现配，喷雾，涂擦	栽培房、床架

【实际操作】

1. 化学添加剂使用及其信息记录

化学添加剂根据栽培食用菌需求使用，不应随意添加。化学添加剂使用信息中的要素信息具体内容如下：

① 名称。应记录通用名称，如有可能，应记录有效成分及其含量。

② 来源。应注明供应商名称、产品批号或生产日期（表明批次，便于追溯）。

③ 添加环节。包括拌料、覆土制作、培养料发酵、补水等。

④ 使用量。

⑤ 使用批次。

⑥ 使用时间。

⑦ 责任人。

2. 农药使用及其信息记录

（1）农药使用原则

① 不使用禁用农药。

② 用药少、效果好。避免盲目使用、超范围使用、超剂量使用。

③ 应预防为主、治理为辅、科学用药。

④ 原基出现以后禁止用药。

⑤ 使用时间应不少于安全间隔期（最后一次用药距收获的天数）。安全间隔期取决于农药品种、有效成分含量、剂型、稀释倍数、用药量、用药方法等，少则 1 d，多则 45 d。应参照 GB/T 8321《农药合理使用准则》系列标准及其他有关规定。

⑥ 对植物无药害，对人、畜禽和有益生物安全，减少环境污染。应注重科学使用方式和对人及畜禽的防护。

（2）禁止购买证件不全的农药　根据中华人民共和国国务院令第 677 号公布的《农药管理条例》，农药经营者采购农药应当查验产品包装、标签、产品质量检验合格证及有关许可证明文件，不得向未取得农药生产许可证的农药生产企业或者未取得农药经营许可证的其他农药经营者采购农药。

（3）禁止不按国家标准使用农药 根据 GB/T 8321《农药合理使用准则》系列标准，确定使用的剂型、含量、适用作物、防治对象、用量或稀释倍数、用药方法、使用次数、安全间隔期。不按此使用，由使用者承担责任。

按照《农药管理条例》，剧毒和高度农药不得在蔬菜生产中使用，食用菌作为蔬菜的一类参照执行，不得在生产中使用。国家禁止在食用菌生产中使用的农药目录见表 2-36。

表 2-36 国家禁止在食用菌生产中使用的农药目录

类别	名称
有机氯类	六六六、滴滴涕、毒杀芬、艾氏剂、狄氏剂、硫丹
有机磷类	甲胺磷、甲基对硫磷、对硫磷、久效磷、磷胺、甲拌磷、甲基异柳磷、特丁硫磷、甲基硫环磷、治螟磷内吸磷、灭线磷、硫环磷、蝇毒磷、地虫硫磷、氯唑磷、苯线磷、磷化钙、磷化镁、磷化锌、磷化铝、硫线磷、杀扑磷、水胺硫磷、氧乐果、三唑磷
有机氮类	杀虫脒、敌枯双
氨基甲酸酯类	克百威、灭多威
除草剂类	除草醚、氯磺隆（2015 年 12 月 31 日起）、胺苯磺隆单剂（2015 年 12 月 31 日起）、胺苯磺隆复配剂（2017 年 7 月 1 日起）、甲磺隆单剂（2015 年 12 月 31 日起）、甲磺隆复配剂（2017 年 7 月 1 日起）
其他	二溴氯丙烷、二溴乙烷、溴甲烷、汞制剂、砷类、铅类、氟乙酰胺、甘氟、毒鼠强、氟乙酸钠、毒鼠硅、氟虫腈、毒死蜱、福美胂和福美甲胂（2015 年 12 月 31 日起）

注：以上为截至 2014 年 6 月 15 日国家公告禁止在食用菌生产中使用的农药目录；之后国家新公告的食用菌生产中禁止使用的农药目录，需从其规定。

（4）农药购买、使用信息记录内容 信息记录表的形式同表 2-15、表 2-16、表 2-17。所列信息解释如下：

① 农药名称。应记录通用名称，不应记录商品名称（由于商品名称多样、不规范，不利于质量安全追溯，应使用通用名称，即农药登记时的名称）。

② 农药来源。应注明供应商名称，同时应注明"三证号"即生产许可证号或批准文件号（表明我国法律和行政管理部门允许生产）、登记证号（表明法律和行政管理部门允许用于的作物）、产品批号或生产日期

（表明批次，便于追溯）。

③ 使用作物及防治对象。

④ 有效成分含量和剂型。商品复配农药应注明每种农药的含量。

⑤ 稀释倍数。

⑥ 使用量。

⑦ 使用方式。

⑧ 用药地块

⑨ 用药环节、次数和时间。

⑩ 采收日期及安全间隔期。

⑪ 用药责任人。

⑫ 需记录的其他信息（备注）。例如，自行复配农药的复配方式等。

（五）环境条件信息记录

【内容解读】

环境条件参照 NY/T 2375—2013《食用菌生产技术规范》的规定。

1. 栽培场地环境

生产场地应清洁卫生、地势平坦、排灌方便，有饮用水源；生态环境良好，周边 5 km 以内无化学污染源；1 km 内无工业废弃物；100 m 内无集市、水泥厂、石灰厂、木材加工厂等扬尘源；50 m 内无禽畜舍、垃圾场和死水池塘等危害食用菌的病虫害滋生地；距公路主干线 200 m 以上；远离医院，避开学校和公共场所；空气质量应符合表2-37 的规定。

表2-37 环境空气质量要求

项目	浓度限值	
	日平均	1 h平均
总悬浮颗粒物（标准状态）（mg/m³）	≤0.3	—
二氧化碳（mg/m³）	≤0.25	≤0.7
氰化物（标准状态）（μg/m³）	≤7	—

注：日平均指任何1 d的平均浓度，1 h平均指任何1 h的平均浓度。

2. 菇房（棚）

各类温室、拱棚、大棚等园艺设施均可用作菇房；夏季要搭建荫棚。除设施的主体结构外，还应配备调节温度和光线的棚膜、草帘、草苫、保温板、遮阳网等；菇房（棚）入口处应采用黑色塑料膜或遮阳网搭建长3～4 m 的黑色缓冲间；通风处和门窗应安装孔径为 0.2～0.25 cm 的防虫网防虫。要求通风良好、可密闭；菇房（棚）内应有生产用水源。

3. 设施布局与建造

应根据场地特点和生产要求合理布局，生产区与原料库、成品库、生活区严格分开。要根据食用菌生产的特点，合理安排培养料制备、灭菌、冷却、接种、养菌、出菇等各工段所需设施和空间，满足食用菌不同生长阶段对环境的要求。做到人流与物流的分离、有菌区与无菌区的隔离。

栽培环境控制系数、水电等设施应和生产规模相匹配，并符合相关质量安全标准，保证人身安全。锅炉、灭菌锅等压力容器，应通过相关部门检验合格后使用，并定期检查、维护和校验。

4. 影响食用菌生长发育的环境条件

主要包括温度、湿度、光照、O_2 浓度等。

（1）温度 不同菌类都有各自不同的生长适应范围，在营养生长和生殖生长阶段的最适温度也有所不同，这里主要指环境温度，对于床架式栽培的双孢蘑菇、草菇等对培养料的温度也有一定要求，生产中也应记录。

（2）湿度 食用菌子实体含水量高达 $85\%\sim92\%$，子实体生长需要的水分是依靠与其相连通的菌丝疏松的，大部分从培养料中获得，但空气相对湿度对子实体发育也有很大影响。因此，对环境的相对湿度也应记录。

（3）光照 不同食用菌种类，在不同生育阶段，对光照度、光质要求均有差异，应根据需求给予光照，有条件的生产基地宜记录光照变化。

（4）O_2 浓度 不同食用菌种类，在不同生育阶段，需氧量不同，一般生殖生长需氧量大于营养生长阶段，有条件的生产基地宜记录 O_2 浓度情况。

【实际操作】

采收信息记录内容包括温度、湿度、光照、通风等信息。

（六）采收情况信息记录

【内容解读】

采收要求：

① 根据产品用途和市场需求，确定采收标准，适时采收。

② 随手修整，现场分级，直接包装和预冷。

③ 采收前合理控制喷水，加强通风。采收时减少菇体间的碰触和伤损，注意防止泥土、油污、有害生物等污染食用菌产品，保持菇体洁净、完整。

④ 采收后应及时清理料面和地面的菇根、死菇等残留物。

⑤ 采收者应穿工作衣帽、戴手套和口罩，卫生采收；采收人员不应

佩戴饰品。

【实际操作】

采收信息记录内容包括采收时间、地点、采收人。

（七）其他信息

【内容解读】

1. 栽培方式

按栽培场地及栽培容器分类：床架式栽培、露地栽培、袋栽、瓶栽等。

（1）床架式栽培　利用搭架分层，铺设菌床的立体栽培方式。

（2）露地栽培　通过挖沟建畦的方式，在地面栽培食用菌，可搭建小型菇棚以达到控制栽培环境的效果。

（3）容器栽培　以不同规格的袋子或瓶子，装载培养料，实现出菇的栽培方式。栽培容器（瓶、袋）应选用聚乙烯、聚丙烯、聚碳酸酯类产品，质量符合 GB 4806.7《食品安全国家标准　食品接触用塑料材料及制品》的相关规定。

2. 用水水质

培养料制备、出菇期喷水和补水应符合 GB 5749 要求的生活饮用水。具体水质常规指标及限值见表 2-38；饮用水中消毒剂常规指标及限值见表 2-39；水质非常规指标及限值见表 2-40。

表 2-38　水质常规指标及限值

指　标	限　值
1. 微生物指标[a]	
总大肠菌群（MPN/100 mL 或 CFU/100 mL）	不得检出
耐热大肠菌群（MPN/100 mL 或 CFU/100 mL）	不得检出
大肠埃希氏菌（MPN/100 mL 或 CFU/100 mL）	不得检出
菌落总数（CFU/mL）	100
2. 毒理指标（mg/L）	
砷	0.01
镉	0.005
铬（六价）	0.05
铅	0.01
汞	0.001

（续）

指　　标	限　值
2. 毒理指标（mg/L）	
硒	0.01
氰化物	0.05
氟化物	1.0
硝酸盐（以 N 计）	10 地下水源限制时为 20
三氯甲烷	0.06
四氯化碳	0.002
溴酸盐（使用臭氧时）	0.01
甲醛（使用臭氧时）	0.9
亚氯酸盐（使用二氧化氯消毒时）	0.7
氯酸盐（使用复合二氧化氯消毒时）	0.7
3. 感官性状和一般化学指标	
色度（铂钴色度单位）	15
浑浊度（散射浑浊度单位）/(NTU)	1 水源与净水技术条件限制时为 3
臭和味	无异臭、异味
肉眼可见物	无
pH	不小于 6.5 且不大于 8.5
铝（mg/L）	0.2
铁（mg/L）	0.3
锰（mg/L）	0.1
铜（mg/L）	1.0
锌（mg/L）	1.0
氯化物（mg/L）	250
硫酸盐（mg/L）	250
溶解性总固体（mg/L）	1 000
总硬度（以 CaCO$_3$ 计）（mg/L）	450
耗氧量（COD$_{Mn}$法，以 O$_2$ 计）（mg/L）	3 水源限制，原水耗氧量＞6 mg/L 时为 5
挥发酚类（以苯酚计）（mg/L）	0.002

（续）

指 标	限 值
阴离子合成洗涤剂（mg/L）	0.3
4. 放射性指标[b]（Bq/L）	指导值
总 α 放射性	0.5
总 β 放射性	1

[a] MPN 表示最可能数；CFU 表示菌落形成单位。当水样检出总大肠菌群时，应进一步检验大肠埃希氏菌或耐热大肠菌群；水样未检出总大肠菌群，不必检验大肠埃希氏菌或耐热大肠菌群。

[b] 放射性指标超过指导值，应进行核素分析和评价，判定能否饮用。

表 2-39　饮用水中消毒剂常规指标及要求

消毒剂名称	与水接触时间（min）	出厂水中限值（mg/L）	出厂水中余量（mg/L）	管网末梢水中余量（mg/L）
氯气及游离氯制剂（游离氯）	≥30	4	≥0.3	≥0.05
一氯胺（总氯）	≥120	3	≥5	≥0.05
臭氧（O₃）	≥12	0.3	—	0.02 如加氯，总氯≥0.05
二氧化氯（ClO₂）	≥30	0.8	≥0.1	≥0.02

表 2-40　水质非常规指标及限值

微生物指标（个/10 L）	限值
贾第鞭毛虫	<1
隐孢子虫	<1

五、加工环节信息

【标准原文】

7.3.2　加工环节

7.3.2.1　原料

应采集原料食用菌名称、品种、来源、数量、地点、日期、运输车船号、储存温度、湿度、储存起止日期、检验、产品批次，以干品为原料的还应采集处理方式、添加辅料等信息。

7.3.2.2 加工

a) 加工信息：设备名称、加工方式、关键加工参数（如时间、温度、湿度、辐照等）；

b) 添加剂信息：包括通用名、生产企业、生产许可证号、批准文号、产品批次号（或生产日期）、使用时间、用量等；

c) 其他信息：包括食用菌加工用水（深井水及城镇自来水除外）、清洁方式等。

（一）原料

【内容解读】

1. 储存运输

食用菌鲜品可以在采收后作为初级农产品直接销售，也可作为原料进行加工处理。食用菌鲜品作为原料收购后，按不同品种的储存要求存放，以便按需求、分批次生产加工。储存运输是影响追溯产品质量的重要环节，原料在储存过程中容易受到有害物质（包括生物、化学、物理污染）的侵袭，致使原料的质量安全性状发生改变。为保障在储存过程中的质量安全，农业生产经营主体应按照国家对原料储存的环境、设施及管理要求对储存运输进行管理，重点记录与质量安全及溯源有关的信息。一般包括原料食用菌名称、品种、来源、数量、地点、日期、运输车船号、储存温度、湿度、储存起止日期、检验、产品批次等。收购记录见表2-41；仓储管理记录见表2-42；烘干记录见表2-43。

表2-41 收购记录

收购日期	食用菌名称	品种	来源	产地	产品批次	运输车船号	数量（t）	承运人

食用菌名称：原料食用菌的种类。

品种：原料食用菌的品种。

来源：栽培户信息。

产地：指来自哪个县域（乡镇）或农场等地域名称。

车船号：指运输车辆或船舶的号牌，应当填写完整和规范。

承运人：车船运输人。

产品批次：对应原料食用菌的产品批次信息。

表 2-42　仓储管理记录示例

仓号	日期	类型（入库或出库）	食用菌名称	品种	数量（t）	保管员	温度	湿度

表 2-43　烘干记录表示例

收购日期	食用菌名称	品种	来源	数量（t）	烘干方式	添加辅料	去向

来源：原料食用菌鲜品的仓库号。

烘干方式：自然烘干、热风干燥、冷冻干燥等。

添加辅料：烘干过程中添加的辅料信息。

去向：烘干后存放到哪个仓库。

2. 检验

原料收购时应进行交收检验，以便了解原料的质量安全状况。交收检验一般由农业生产经营主体实验室负责，也可委托有资质的实验室进行。检验项目按照合同约定，或按产品标准选择相关项目进行。原料检验信息主要包括溯源信息和质量信息。原料化验单见表 2-44。

表 2-44　原料化验单

日期	来源	产地	车船号	承运人	食用菌名称	品种	检验项目				去向
							项目1	项目2	项目3	……	

来源、产地、车船号、承运人同收购记录。

去向指卸货的地点，包括仓号（临时堆/囤）、烘干线名称或加工线名称。

【实际操作】

1. 运输

（1）运输的基本要求

① 一般食用菌鲜品宜采用冷链运输。在气温 0～15 ℃时，可采用普通货车运输，超过 3 d 的长途运输要用冷藏车；低于 0 ℃或高于 15 ℃时，

应采用冷藏车运输。冷藏车温度 2～8 ℃。

② 干菇宜采用普通货车运输。

③ 工具应清洁、卫生、无污染物、无杂物。冷藏集装箱应符合 GB/T 7392 的规定，铁路冷藏车应符合 GB/T 5600 的规定，冷藏汽车应符合 QC/T 449 的规定，冷藏厢式挂车应符合 JT/T 650 的规定。

④ 不同容器分开装车，不能与有毒或有异味物混装，轻装轻卸、快装快运、防止碰撞和挤压。应有防晒、放热、防冻、防雨淋措施。

⑤ 运输行车应平稳，减少颠簸和剧烈振荡。码垛稳固。

（2）运输设备

① 冷链运输应使用具备温控能力的专用设备，专用设备应防冻、隔热保温性能良好。

② 运输设备厢体应清洁、无毒、无害、无异味、无污染、内壁应平整光滑。

③ 运输设备厢体内应配置具有异常报警功能的温度自动记录设备，对运输过程中厢体内的温度进行实时监测和记录。

④ 运输设备厢门处宜加装隔温装置。

⑤ 制冷系统、测温设备应定期检查、保养及校验，发现异常应立即停止使用并及时进行维修。

（3）装载

① 装载前应对运输设备厢体内壁进行清洁、视情况消毒，并对运输设备进行检查，确定制冷系统、除霜系统状态良好，温度监测设备工作正常。

② 运输设备厢体应在装载前进行预冷，厢体内温度达到装载要求时方可装载。

③ 不同容器分开装车，不能与有毒或有异味物混装。

④ 货筐与运输设备厢体四壁应留有适当空间，码放高度不应超过制冷机组出风口下沿。

⑤ 装载作业因故中断时，运输设备厢门应立即关闭并开启制冷系统。

（4）在途温控

① 运输过程中不应擅自打开运输设备厢门。

② 运输设备厢体内的温度应始终保持在要求的范围内。

③ 温度自动记录设备的记录间隔应≤5 min，超出允许的波动范围应报警。

（5）卸货

① 卸货区宜配备封闭式月台，并配有与运输车辆对接的密封装置。

② 卸货作业因故中断时，运输设备厢门应立即关闭并开启制冷系统。

③ 完成作业后，应及时对运输设备厢体进行清洗、通风、视情况消

毒，并在晾干后关闭厢门。

（6）交货　应保存运输过程中厢体内的检测温度、检测时间、装卸货时间记录。

（7）储藏

① 储藏要求。

鲜菇储藏：不同菇类的低温储藏温度不同，一般为 0～4 ℃冷藏。高温菇如草菇不适宜低温储藏（0～8 ℃低温会导致鲜草菇自溶变质），应14～16 ℃条件下储存 1～2 d。

干菇储藏：采用晒干、热风烘干等方法进行干制。含水量应符合表2-46 的要求。干制后的菇体进行剪柄、除尘、去除异物。干菇适宜储藏温度为 3～5 ℃。存放时间在 12 个月以内可采用常温储藏。

储藏期间不能与有毒或有异味物体混合储藏。

② 储藏设备设施。冷库设计应符合 GB 50072 的规定。冷库管理应符合 GB/T 30314 的规定。检查和调试库房制冷系统，食用菌入库前 1～2 d将库温降至 0～2 ℃，温度应分布均匀。入库量根据冷库制冷能力或库温变化进行调节。

③ 储藏管理。

鲜菇码垛：叠筐码垛，垛高不超过 6 层，离冷风机不少于 1.5 m，离库边 0.2～0.3 m，垛间距 0.6～0.7 m，通道宽 2 m 为宜。

干菇码垛：聚乙烯、聚丙烯薄膜袋储藏"井"字形码垛，瓦楞纸箱储藏层叠码垛，垛高不超过 6 层，离冷风机不少于 0.5 m，垛间距 0.6～0.7 m，通道宽 2 m，垛底垫 15 cm 高塑料套版等。垛顶与库顶之间应留 1.0 m 空间层。

检查：鲜菇储藏期间定期检查有无冷害、腐烂等异常情况，干菇储藏期间定期检查有无受潮、虫蛀等异常情况，出现异常及时处理。

2. 检验

食用菌原料具体交收检验项目参照合同或 NY/T 3220—2018《食用菌包装及贮运技术规范》选择相关项目执行。NY/T 3220—2018 中感官指标及检验方法见表 2-45，理化指标及检验方法见表 2-46。

表 2-45　感官指标

项 目	要求		检验方法
	鲜 品	干 品	
外观形状	菇形正常、饱满有弹性	菇形正常/菇片均匀，或菌颗粒粗细均匀，或压缩食用菌块状规整	目测法

（续）

项 目	要求		检验方法
	鲜 品	干 品	
色泽、气味	具有该食用菌固有的色泽和香味，无异味		目测和鼻闻法
有害杂质	无		目测法
霉烂菇	无		目测法
虫蛀菇	无		目测法
破损菇（%）	≤5	≤10	目测法

表 2-46 理化指标

项 目	要求		检验方法
	鲜 品	干 品	
水分（%）	鲜食用菌≤91.0 鲜双孢蘑菇、鲜平菇、 鲜茶树菇、鲜香菇≤92.0 鲜花菇≤86.0	干香菇、干茶树菇≤13.0 干黑木耳≤14.0 干银耳≤15.0 其他食用菌干品≤12.0	GB 5009.3
米酵菌酸（mg/kg）	银耳≤0.25		GB 5009.189

根据 GB 7096—2014《食品安全国家标准 食用菌及其制品》，污染物限量、农药残留限量应符合相关规定。污染物限量指标见表 2-47，农药最大残留限量指标详见 GB 2763—2021。

表 2-47 污染物限量指标

项目	食品类别（名称）	限量（mg/kg）
铅（以 Pb 计）	食用菌及其制品	1.0
镉（以 Cd 计）	新鲜食用菌（香菇和姬松茸除外）	0.2
	香菇	0.5
	食用菌制品（姬松茸制品除外）	0.5
汞（以 Hg 计）	食用菌及其制品	0.1
砷（以 As 计）无机砷	食用菌及其制品	0.5

（二）加工

【内容解读】

1. 加工方式与设备

（1）预包装保鲜加工 食用菌产品的包装在一定程度上决定了食用菌

的保存新鲜度。因此，很多食用菌生产企业将初级食用菌产品进行预包装加工。尤其是在食用菌工厂化栽培的包装生产线上，按照不同的保鲜包装技术要求，食用菌产品按照设定的工艺流程，各个自动机械装置之间协调地开展自动化包装工作。预包装保鲜加工方式包括冷藏冷冻技术、气调保鲜技术、辐射技术和化学储藏技术。

① 冷藏冷冻技术。将食用菌置于低温空间中，减缓食用菌的新陈代谢和酶化反应，抑制食用菌出菇后微生物的生长，以此达到延长食用菌新鲜期的目的。关键加工参数：预冷时间、温度等。

② 气调包装技术。通过改变包装环境的气体成分，增加或减少包装内氧气或二氧化碳的浓度，来使包装更加适合食用菌的保存。在食用菌工厂化栽培的自动化包装中，又可分为主动气调包装、被动气调包装和复合气调包装。关键加工参数包括真空度、充气量等。

③ 辐射技术。使用穿透力极强的辐射穿透食用菌包装，杀死影响食用菌品质的微生物，降低食用菌菇体的酶活性，达到使食用菌新陈代谢速度的减慢而保证品质的目的。在辐射包装环节，需要对辐射量进行严格控制，要保持食用菌的新鲜并不意味着需要大量的射线辐射，对一些食用菌来说，低剂量率的辐射比高剂量率的辐射能够取得更好地保鲜效果，也能更好地保证食用菌细胞膜的完整性，减少食用菌的褐变或腐烂。关键加工参数包括辐射量、辐射时间等。

④ 化学储藏技术。通过研究使食用菌变质、褐变、腐烂的相关物质，在食用菌包装过程中，根据其活性变化加入配备好的化学保鲜剂，减少该类物质对食用菌的影响。化学储存技术中需要注意化学保鲜剂的添加应符合食用菌中添加剂的使用要求。关键加工参数包括保鲜剂名称、来源、使用量等。

（2）食用菌初加工　指经过加工后，外形基本不变，仍能用视觉分辨出是属于何种菇类的加工技术，如干燥、腌制、罐藏等。

① 食用菌的干燥技术：通过各种不同的脱水途径，减少菇体含水量，抑制酶活性，使微生物无法侵袭，达到长期保存的目的。按照不同的干燥原理，食用菌干燥方式有热风干燥、远红外线干燥和冷冻真空升华干燥。

热风干燥工艺流程：鲜菇采收-初分级与修剪-上筛入烘干机-烘烤调控-分级机分拣-人工分级-包装。涉及的生产加工设备包括烘干机、分级机、去杂机、金属探测器等。

② 食用菌腌制技术：通过溶液浓度在饱和时产生的渗透压，造成食用菌细胞内水分外渗、原生质收缩、质壁分离，导致微生物细胞生理干燥而死亡。腌制工艺流程为选料-漂洗-护色-预煮-冷却-腌制。

（3）关键加工参数

① 加工包装批次。同原料、同工艺、同设备、同班次加工的产品即为一个加工包装批次。

② 加工包装日期。食用菌制品成为最终产品的日期为加工日期，将最终产品装入（灌入）包装物或容器中的日期为包装日期。有的最终产品加工后即可装入（灌入）包装物的，则加工日期和包装日期一致；有的最终产品加工后先暂存一段时间，待产品出厂销售时，再进行包装的，则加工日期与包装日期不同，要在包装物上分别标示，在采集加工包装日期时要分别记录，形成最终销售单元的日期。

日期标示应满足如下要求：

应清晰标示预包装食品的生产日期和保质期。例如，日期标示采用"见包装物某部位"的形式，应标示在所在包装物的具体部位。日期标示不得另外加贴、补印或篡改。

当同一预包装内含有多个标示了生产日期及保质期的单件预包装食品时，外包装上标示的保质期应按最早到期的单件食品的保质期计算。外包装上标示的生产日期应为最早生产的单件食品的生产日期，或外包装形成销售单元的日期；也可在外包装上分别标示各单件装食品的生产日期和保质期。

应按年、月、日的顺序标示日期。如果不按此顺序标示，应注明日期标示顺序。

2. 添加剂的来源与使用

《食品安全法》第一百五十条规定，食品添加剂指为改善食品品质和色、香、味，以及为防腐、保鲜和加工工艺的需要，而加入食品中的人工合成或者天然物质，包括营养强化剂。

GB 2760—2014《食品安全国家标准 食品添加剂使用标准》中规定，我国许可使用的食品添加剂有 23 个类别，其中包括人工合成物质和天然物质；包括能存留于食品中的食品添加剂及不存留于食品中的食品添加剂，即加工助剂。GB 2760 列出了每种食品添加剂的名称、中国编码系统（CNS）编号、国际编码系统（INS）编号、功能、适用的食品分类号、食品名称、最大使用量（g/kg）和备注。该 23 类是适用于各种食品的，有些食品添加剂不会用在农产品中，如消泡剂、胶基糖果中基础剂物质等。

3. 其他信息

（1）食用菌加工用水 依据 GB 2762—2017《食品安全国家标准 食品中污染物限量》中食用菌及其制品中铅、镉、汞、砷有限量要求。这些污染物在食用菌生产加工过程中主要由加工用水所致（另外，在栽培环节主要由原料、覆土、水、大气环境带入)。同时，加工用水还会带入微生物污染。加工用水水源类型及所需环节监测信息如下：

① 生活饮用水，即供居民使用的自来水。原则上不需环境监测。

② 深井水，即供水层为土层下的基岩，且井壁密封。深井水的水量常年稳定；水质稳定，不受地表水和土层渗水影响。监测频率可以根据质量变化情况确定，宜每年 1 次。

③ 浅井水，即供水层为土层。浅井水的水量不稳定，丰水期（7、8 月份为典型）水位上升，枯水期（1、2 月份为典型）水位下降；水质不稳定，受地表水和土层渗水影响。监测频率应不少于每年 2 次（丰水期和枯水期各 1 次）。

依据 GB 7096—2014《食品安全国家标准　食用菌及其制品》，食用菌及其制品中有污染物、农药残留、微生物等指标限量要求。为保证食用菌生产加工过程中，不会因加工用水导致这些问题的发生，加工用水应符合 GB 5749—2006《生活饮用水卫生标准》的要求。

（2）清洁方式　清洁方式包括漂洗、杀菌、气吸式除杂等。不同清洁方式应记录其关键信息，如漂洗记录清洗方式、清洗剂名称、清洗剂浓度、清洗程序等；杀菌记录杀灭菌方式（加热杀菌应包括加热温度及其延续时间）。

【实际操作】

1. 加工包装批次

农业生产经营主体可以根据生产实际情况设定加工包装批次编制规则。例如，有多条生产线或加工线，以及多个生产班次或加工班组。编制规则为年（4 位）+月（2 位）+日（2 位）+生产线或加工线（1 位）+生产班次或加工班组（1 位）+生产加工时间（1 位）。其中，生产线或加工线、生产班次或加工班组、生产加工时间可以是英文字母也可以用数字表示。集团企业如有多个分公司，编制时可后缀分公司简称。加工包装批次编制规则见图 2 - 15。

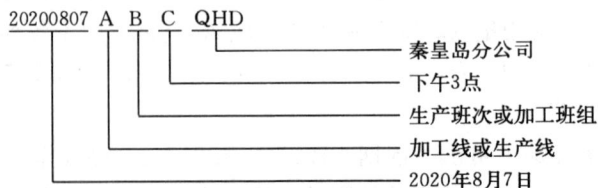

图 2 - 15　加工包装批次编制规则

加工包装批次记录见表 2-48。

表 2-48 加工包装批次记录

来源	加工日期	加工线名称	品种	加工班组	产品名称	包装规格	包装数量	产品追溯码/生产批次号	责任人

2. 加工包装设施

产品的加工包装过程应保证产品的品质和卫生安全，避免杂质、致病微生物及金属物（断针）等污染产品。

加工包装设施设备维修保养记录应包括下述内容：

① 生产加工设施设备的名称、生产厂商、维护保养人名称。

② 生产加工设施设备的状态、使用寿命、维修历史。

加工包装设施设备维修保养记录见表 2-49。

表 2-49 加工包装设施设备维修保养记录

设备名称	生产厂商	使用部门	维护保养情况				
			维护保养日期	设备状态	是否需进行维护	维护保养内容	维护保养人

3. 加工包装日期

加工包装日期中年、月、日可用空格、斜线、连字符、句点等符号分隔，或不用分隔符。年代号一般应标示 4 位数字，小包装食品也可以标示 2 位数字。月、日应标示 2 位数字。

日期的标示可以有如下形式：

2020 年 3 月 20 日；

2020 03 20；

2020/03/20；

20200320；

20 日 3 月 2020 年。

或采用月/日/年，如下形式：

3 月 20 日 2020 年；

03 20 2020；

03/20/2020；

03202020。

4. 添加剂来源及其使用剂量

食品添加剂可用于加工食用菌产品（如食用菌罐头），也可用于栽培食用菌产品，如 ε-聚赖氨酸盐酸盐可作为防腐剂用于食用菌保鲜。

（1）添加剂使用原则

① 应符合以下基本要求：

（a）不应对人体产生任何健康危害。每种食品添加剂都规定了适用的食品名称、最大使用量，有的还规定了最大残留量。GB 2760—2014《食品安全国家标准 食品添加剂使用标准》中规定的最大使用量是依据一定程序确定的：由联合国食品添加剂联合专家委员会（JECFA）制定国际通用的日允许摄入量（ADI），结合通用的饮食习惯计算最大使用量（ML），由其在食品中的降解计算最大残留量（MRL）。

为贯彻该原则，需做到两点：一是禁止超范围使用；二是禁止超量使用，如同一功能的食品添加剂（相同色泽着色剂、防腐剂、抗氧化剂）在混合使用时，各自用量占其最大使用量的比例之和不应超过1。

（b）不应掩盖食品腐败变质。

（c）不应掩盖食品本身或加工过程中的质量缺陷，以及以掺杂、掺假、伪造为目的而使用食品添加剂。

（d）不应降低食品本身的营养价值。

（e）在达到预期效果的前提下尽可能降低在食品中的使用量。

② 在以下情况下可使用食品添加剂：保持或提高食品本身的营养价值；作为某些特殊膳食用食品的必要配料或成分；提高食品的质量和稳定性，改进其感官特性；便于食品的生产、加工、包装、运输或储存。

③ 食品添加剂应符合相应的质量规格要求。使用合法供应的、质量合格的食品添加剂。

④ 由食品配料（含食品添加剂）带入食品中的，则应符合带入原则：

（a）配料所用食品添加剂的品种应是 GB 2760—2014 中允许使用的食品添加剂。

（b）配料所用食品添加剂的最大使用量应符合 GB 2760—2014 要求。

（c）应在正常生产工艺条件下使用这些配料，并且食品中该添加剂的含量不应超过由配料带入的水平。

（d）由配料带入食品中的该添加剂的含量应明显低于直接将其添加到该食品中通常所需要的水平。

2. 食品添加剂使用规定

① 普通食品执行 GB 2760 的规定。

② 绿色食品执行 NY/T 392 的规定。在不得使用的食品添加剂品种

中，一部分涉及农产品（包括种植业和养殖业农产品），另一部分涉及非农产品的加工食品（如食用盐、饮料、酱腌菜、调味料等）。

③ 有机产品执行 GB/T 19630《有机产品 生产、加工、标识与管理体系要求》的规定。允许使用的食品添加剂有 43 种，即 15 种增稠剂（阿拉伯胶等）、8 种稳定剂（刺梧桐胶等）、13 种酸度调节剂（氢氧化钙等）、4 种防腐剂（焦亚硫酸钾等）、6 种膨松剂（磷酸氢钙等）、2 种漂白剂（二氧化硫等）、5 种抗氧化剂（维生素 C 等）、1 种抗结剂（二氧化硅）、2 种水分保持剂（甘油等）、4 种乳化剂（果胶等）、2 种面粉处理剂（碳酸钙等）、3 种凝固剂（硫酸钙等）、2 种护色剂（硝酸钾等）、1 种着色剂（胭脂树橙）、1 种结晶剂（酒石酸氢钾）、1 种甜味剂（罗汉果甜苷）、硫黄（仅限于魔芋粉熏蒸）、氯化钾（加入食盐中降低钠含量，成为低钠盐）。

食品添加剂在食用菌产品中的允许使用品种、使用范围及最大使用量或残留量应符合表 2-50 的要求，按生产需要适量使用食品添加剂所例外的食品类别名单、不得添加食品用香料和香精的食品名单见表 2-51，食品添加剂扩大使用范围或使用量见表 2-52。

表 2-50 食品添加剂的允许使用品种、使用范围及最大使用量或残留量

名称	功能	食品分类号	食品名称	最大使用量（g/kg）	备注
N-［N-（3,3-二甲基丁基）］-L-α-天门冬氨-L-苯丙氨酸 1-甲酯（又名纽甜）	甜味剂	04.03.02.03	腌渍的食用菌和藻类	0.01	
		04.03.02.04	食用菌和藻类罐头	0.033	
		04.03.02.06	其他加工食用菌和藻类	0.033	
二氧化硫，焦亚硫酸钾，焦亚硫酸钠，亚硫酸钠，亚硫酸氢钠，低亚硫酸钠	漂白剂、防腐剂、抗氧化剂	04.03.02.02	干制的食用菌和藻类	0.05	最大使用量以二氧化硫残留量计
		04.03.02.04	食用菌和藻类罐头（仅限蘑菇罐头）	0.05	最大使用量以二氧化硫残留量计

（续）

名称	功能	食品分类号	食品名称	最大使用量（g/kg）	备注
β-胡萝卜素	着色剂	04.03.02.03	腌渍的食用菌和藻类	0.132	
		04.03.02.04	食用菌和藻类罐头	0.2	
		04.03.02.06	其他加工食用菌和藻类	1.0	
ε-聚赖氨酸盐酸盐	防腐剂	04.0	水果、蔬菜（包括块根类）、豆类、食用菌、藻类、坚果以及籽类等	0.30	
辣椒油树脂	增味剂、着色剂	04.03.02.03	腌渍的食用菌和藻类	按生产需要适量使用	
硫黄	漂白剂、防腐剂	04.03.01.02	经表面处理的鲜食用菌和藻类	0.4	只限用于熏蒸，最大使用量以二氧化硫残留量计
柠檬酸亚锡二钠	稳定剂和凝固剂	04.03.02.04	食用菌和藻类罐头	0.3	
乳酸链球菌素	防腐剂	04.03.02.04	食用菌和藻类罐头	0.2	
三氯蔗糖（又名蔗糖素）	甜味剂	04.03.02	加工食用菌和藻类	0.3	
山梨酸及其钾盐	防腐剂、抗氧化剂、稳定剂	04.03.02	加工食用菌和藻类	0.5	以山梨酸计
双乙酰酒石酸单双甘油酯	乳化剂、增稠剂	04.03.02.03	加工食用菌和藻类	2.5	
		04.03.02.06	其他加工食用菌和藻类	2.5	

（续）

名称	功能	食品分类号	食品名称	最大使用量（g/kg）	备注
天门冬酰苯丙氨酸甲酯（又名阿斯巴甜）	甜味剂	04.03.02.03	腌渍的食用菌和藻类	0.3	
		04.03.02.04	食用菌和藻类罐头	1.0	
		04.03.02.06	其他加工食用菌和藻类	1.0	
脱氢乙酸及其钠盐（又名脱氢醋酸及其钠盐）	防腐剂	04.03.02.03	加工食用菌和藻类	0.3	以脱氢乙酸计
乙酰磺胺酸钾（又名安赛蜜）	甜味剂	04.03.02	加工食用菌和藻类	0.3	

表 2 - 51 按生产需要适量使用的食品添加剂所例外的食品类别名单、不得添加食品用香料、香精的食品名单

食品分类号	食品名称
04.03.01	新鲜食用菌和藻类
04.03.02.01	冷冻食用菌和藻类

表 2 - 52 食品添加剂扩大使用范围或使用量

名称	功能	食品分类号	食品名称	最大使用量（g/kg）	备注
辣椒红	着色剂	04.03.02.03	腌渍的食用菌和藻类	按生产需要适量使用	
乙二胺四乙酸二钠	抗氧化剂	04.03.02.03	腌渍的食用菌和藻类	0.2	
亮蓝	着色剂	04.03.02.03	腌渍的食用菌和藻类	0.025	以亮蓝计
柠檬黄	着色剂	04.03.02.03	腌渍的食用菌和藻类	0.1	以柠檬黄计
乳酸链球菌素	防腐剂	04.03.02	加工的食用菌和藻类	0.5	

（3）食品添加剂使用信息记录内容 包括名称、来源、生产企业、生产许可证号、批准文号、产品批次号（或生产日期）、使用时间、用量等。

① 名称：通用名称，不应使用商品名称。通用名称是其登记时的名

107

称，并附有中国编码系统（CNS）的编号，该编号有两部分组成，即食品添加剂的主要功能类别代码和该类别中的顺序号。

②来源：应注明生产商和供应商名称及联系方式、生产许可证号（标明我国法律和行政管理部门允许生产）、产品批号（标明批次，便于追溯）、进货日期、有效期限。

③产品标准（每个使用批次中应存留2个最小包装，便于事故追溯时用一个包装化验结果与产品标准对比，验证是否合格；另一个包装用于仲裁）。

④有效成分含量。

⑤被投入的食品。

⑥使用量。

⑦使用方式。

⑧使用环节。

⑨使用时间。

⑩使用责任人。

⑪需记录的其他信息，如规格、数量、领用量等内容。

食品添加剂采购登记单见表2-53、食品添加剂出入库登记单见表2-54、食品添加剂使用登记单见表2-55。

表2-53 食品添加剂采购登记单

序号	名称	规格	数量	生产许可证号	执行标准	产品批号	生产日期	有效成分	使用范围	保质期	生产商	联系方式	供应商	联系方式	进货日期	采购人
1																
2																
3																
4																

表2-54 食品添加剂出入库登记单

序号	名称	规格	产品批号	生产日期	生产商	入库数量	入库时间	库管员	出库数量	出库时间	领用人
1											
2											
3											
4											

表 2-55 食品添加剂使用记录单

序号	使用日期	食品添加剂				加工食品品种			使用人	备注
		名称	生产日期	产品批号	使用量	名称	生产量	产品批号		
1										
2										
3										
4										

5. 加工水

为保证食用菌生产工艺过程中用水的清洁卫生,其加工用水应当符合 GB 5749 的规定。

六、检验环节信息

【标准原文】

7.3.3 检验环节

应采集追溯码或产品批次号、产品标准、检验结果等信息。

【内容解读】

《食品安全法》第五十一条 食品生产企业应当建立食品出厂检验记录制度,查验出厂食品的检验合格证和安全状况,如实记录食品的名称、规格、数量、生产日期或者生产批号、保质期、检验合格证号、销售日期以及购货者名称、地址、联系方式等内容,并保存相关凭证。

第五十二条规定 食品、食品添加剂、食品相关产品的生产者,应当按照食品安全标准对所生产的食品、食品添加剂、食品相关产品进行检验,检验合格后方可出厂或者销售。

第八十九条规定 食品生产企业可以自行对所生产的食品进行检验,也可以委托符合本法规定的食品检验机构进行检验。

根据以上《食品安全法》的规定,为了便于产品追溯,产品的检验信息要进行全面采集,包括:

(1) 产品的来源信息 该批检验产品的详细来源,如该批检验产品在哪里生产、哪个批次等。检验人员应对产品出厂进行监督检查,做好产品检验工作。为了便于质量安全追溯,企业应对产品进行出厂检验,如果企业实验室具备独立检测的能力,可以自行检测;如果不具备独立检测能力,可以全部委托有资质的质检机构进行出厂检验,出厂检验报告上应记录产品的来源信息，方便企业自己管理。

（2）产品的检验日期　该批产品的出厂检验日期和型式检验日期。

（3）检验机构　生产经营主体的实验室信息，包括人员管理档案、人员培训、上岗记录、仪器检定维护记录等。

（4）产品批次　产品生产批次。

（5）产品标准　产品应符合的标准。普通食品、有机食品和绿色食品生产分别依据的国家产品标准、有机产品标准和绿色食品产品标准。

（6）检验结果　如原始记录、检验报告等。

【实际操作】

1. 产品来源

产品的来源信息体现在检验登记台账和抽样单上，检验登记台账见表 2 - 56。

表 2 - 56　检验登记台账

样品编号	产品名称	抽样基数	样品数量	生产日期/批次	抽样时间	抽样地点	记录人

确定来源后进行抽样，填写产品抽样单，产品抽样单见表 2 - 57。其中，检验类别包括出厂检验、型式检验。注册商标是指经政府有关部门核准注册商标。抽样基数是指抽取样品的产品数量，单位为 t（吨）或 kg（千克）等。产品数量可以为一个追溯精度的产量，可以是一个批次的产量。抽样方法根据产品认证类型进行选择。例如绿色食品抽样方法应采用 NY/T 896—2015《绿色食品　产品抽样准则》。

表 2 - 57　产品抽样单

单位全称			
通信地址			
追溯编码		电话号码	
产品名称		型号规格	
抽样地点		注册商标	
样品数量		检验类别	
抽样基数		产品等级	

（续）

执行标准		样品状态	
生产日期		到样日期	
抽样方法：		交送质检部门方式：	
受检单位经手人（签字）		受检单位法人（签字）	
			年　　月　　日（公章）
	年　　月　　日		
抽样单位经手人（签字）		抽样单位法人（签字）	
			年　　月　　日（公章）
	年　　月　　日		

2. 检测机构

（1）实验室设施环境 实验室须使用面积适宜，布局合理、顺畅，无交叉污染，水电气齐备，温湿度与光线满足检测要求，通风要求良好，台面、地面清洁干净，实验室无噪声、粉尘等影响，安全设施齐全。

（2）人员管理

① 任职资格。实验室所有检测人员应具备产品检验检测相关知识，并经化验员职业技能技术培训、考核合格取得化验员资质。

② 检测能力。检测人员要掌握分析所必需的各种实验操作技能，掌握仪器设备的维护、保养基本知识，具备独立检测能力。

③ 人员培训。定期对人员培训，做好相应的记录，并建立人员档案，一人一档。人员培训登记表见表2-58。

表2-58 人员培训登记表

文件通知			
培训人员		培训时间	
培训地点		培训内容	
学习心得			

（3）检测设备　实验室检测仪器应定期进行检定或校准，并制订相应的检定或校准计划，保存相关记录。仪器设备应粘贴有效标识。仪器设备应授权给专人使用，并按照使用说明进行操作，定期维护，填写并保存详细的使用、维护、维修记录（表）。仪器维修记录见表 2-59，仪器设备使用与维护记录见表 2-60。

表 2-59　仪器维修记录

名称		型号		编号	
使用人		故障发生时间			
故障情况：					
故障排除情况：					
备注：					

表 2-60　仪器设备使用记录

仪器名称		型号		编号	
使用日期	样品编号	检测参数	使用起止时间	仪器使用情况	环境温度（℃）

① 检查检测设备。检测设备的品种、量程、精度、性能和数量应满足原辅材料、中间产品和最终产品交收检验参数、方法、标准和工作量的要求，配备的检测设备与标准要求相适应。

② 计量器具检定有效。

（a）纳入《中华人民共和国强制检定的工作计量器具明细目录》和《中华人民共和国依法管理的计量器具目录》的工作计量器具，应经有资质的计量检定机构计量检定合格，获得合格检定证书。电子天平鉴定证书见表 2-61。

（b）没有计量检定规程而不能计量检定的工作计量器具，可以按 JJF 1071—2010《国家计量校准规范编写规则》要求编制自校规程进行自校，也可以委托计量检定资质机构校准。

表 2 - 61 电子天平检定证书

×××质量技术监督检验检测中心	证书编号×××
通信地址：×××　　　　邮编：××× 电话(Tel)：×××	检定技术依据名称及代号：《电子天平》JJG 1036—2008 Reference of Verification
检定证书 VERIFICATION CERTIFICATE	检定使用的计量标准器具： Standard of Measurement Used in this Verification

| ×××质量技术监督检验检测中心
通信地址：×××　邮编：×××
电话(Tel)：×××

检定证书
VERIFICATION CERTIFICATE

证书编号
Certificate No　　×××
送检单位
Applicant×××
计量器具名称
Name of Instrument　电子天平
型号/规格
Type/Specification　EP211D
制造厂
Manufacturer　×××
出厂编号
Serial No ×××

检定结论
Verification Conclusion
符合JJG1036—2008规程，准予作级Ⅰ使用。

　　　　　　批准人 _____
检定日期×××　核验员 _____
有效期至×××　检定员 _____

本证书只对此被检样品有效，未经许可不得部分复印。
计量检定机构授权证书号：（×）法计（×××）×× | 证书编号×××
检定技术依据名称及代号：《电子天平》JJG 1036—2008
Reference of Verification
检定使用的计量标准器具：
Standard of Measurement Used in this Verification
名称：　　　　　E2级砝码
Name
型号：　　　　　—————
Type
测量范围：　　　1 mg～600 g
Measuring Range
不确定度/准确度等级/最大允许误差：　E2级
Uncertainty/Accuracy Class/MPE
环境条件：符合 JJG 1036 —2008 规程要求
Environmental Conditions
标准器证书有效期限××年××月××日
Valid Date of the Standard Certificate |

检定环境条件：温度18℃，湿度40%RH

检定结果

检定结果：
d＝0.01mg；Max＝210g

检定项目		检定结果	最大允许误差
天平偏载误差		0.000 4 g	±1.0e
天平重复性		0.000 6 g	1.0e
天平示值误差	0 g≤m≤50 g	0.000 5 g	±5.0e
	50 g≤m≤200 g	0.000 7 g	±1.0e
	200 g≤m≤210 g	0.000 8 g	±1.5e

③ 检定和检定周期。可参考 GB/T 27404—2008《实验室质量控制规范 食品理化检测》附录 B "食品理化检测实验室常用仪器设备及计量周期" 的规定。

3. 检测时间和检验结果

检测结果由检验报告体现，检验报告的内容包括检验报告编号（同样品编号）、追溯码、产品名称、受检单位等。

检测原始记录是编制检验报告的依据，是查询、审查、审核检测工作质量、处理检测质量抱怨和争议的重要凭据。因此，检测原始记录内容应包括影响检测结果的全部信息。通常应包括检测项目名称和编号、方法依据、试样状态、开始检测日期、环境条件和检测地点、仪器设备及编号、仪器分析条件、标准溶液编号、检测中发生的数据记录、计算公式、精密度信息、备注、检测、校核、审核人员签名等信息。

检验人员应对产品出厂进行监督检查，重点做好产品出厂检验工作。

（1）出厂检验（交收检验）项目、方法要求　对正式生产的产品在出厂时必须进行的最终检验，用以评定已通过型式检验的产品在出厂时是否具有型式检验中确认的质量，是否达到良好的质量特性的要求。

产品标准中规定出厂检验（交收检验）项目和方法标准的，按产品标准的规定执行。

部分产品标准中仅规定了技术要求和参数的方法标准，没有规定产品出厂检验（交收检验）项目的，可以按国家市场监督管理局的《食品生产许可证审查细则》（QS审查细则）规定的产品出厂检验（交收检验）项目和方法标准执行。

在不违反我国法律法规、政府文件和我国现行有效标准前提下，产品出厂检验（交收检验）按贸易双方合同中约定产品的质量安全技术要求、检验方法、判定规则的要求执行。完成出厂检验（交收检验）后，应规范地填写出厂检验报告。出厂检验报告见表2-62。

表2-62　出厂检验报告

样品名称			样品编号	
样品来源			代表数量	
序号	项目	技术要求	检验结果	单项判定
1				
2				
3				
……	……			
检验结论	所检项目符合××《××》标准规定的要求，判该批产品××。			
备注：追溯码				

检验人：　　　　　　　　　　　责任人：
　年　月　日　　　　　　　　　年　月　日

114

产品在生产过程和入库后，应当按照产品标准要求检测产品的规定参数（企业可以根据本单位实际情况增加项目）。

（2）型式检验项目、方法要求 型式检验是依据产品标准，对产品各项指标进行的全面检验，以评定产品质量是否全面符合标准。

① 在有下列情况之一时进行型式检验：

（a）新产品或者产品转厂生产的试制定型鉴定。

（b）正式生产后，如结构、材料、工艺有较大改变，可能影响产品性能时。

（c）长期停产后，如结构、材料、工艺有较大改变，可能影响产品性能时。

（d）长期停产后恢复生产时。

（e）正常生产，按周期进行型式检验。

（f）出厂检验（交收检验）结果与上次型式检验有较大差异时。

（g）国家质量监督机构提出进行型式检验要求时。

（h）用户提出进行型式检验要求时。

② 型式检验的检验项目、检验方法标准、检验规则均按产品标准规定执行。按需要还可增测产品生产过程中实际使用，而产品标准中没有要求的某一种或多种农药、重金属、食品添加剂等安全指标参数。

③ 根据企业实验室技术水平和检测能力，可以由企业实验室独立承担或部分自己承担部分委托，也可全部委托有资质的质检机构承担型式检验。

④ 农产品型式检验的检验频次应保持在每年 1 次。

⑤ 产品检验原始记录：试样名称、样品唯一性编号、追溯码、检验依据、检验项目名称、检验方法标准、仪器设备名称、仪器设备型号、仪器设备唯一性编号、检验环境条件（温湿度）、两个平行检验过程及结果导出的可溯源的检验数据信息（包含称样量、计量单位、标准曲线、计算公式、误差、检出限等）、检验人员、检验日期、审核人、审核日期。

⑥ 产品检验报告：检验报告编号（同样品编号）、追溯码、产品名称、受检单位（人）、生产单位、检验类别、商标、规格型号、样品等级、抽样基数、样品数量、生产日期、样品状态、抽样日期、抽样地点、检验依据、检验项目、计量单位、标准要求、检测结果、单项结论、检验依据、检验结论、批准人、审核人、制表人、签发日期。型式检验报告见表 2 - 63。

表 2 - 63 型式检验报告

***监督检验测试中心（**）

检 验 报 告

No：   共 2 页第 1 页

产品名称		型号规格	
抽检单位		商标	
受检单位		检验类别	
		样品等级	
生产单位		样品状态	
抽样地点		抽样日期 到样日期	
样品数量		抽样者 送样者	
抽样基数		原编号或 生产日期	
检验依据		检验项目	见报告第 2 页
所用 主要仪器		实验 环境条件	
检 验 结 论		（检验检测专用章） 签发日期： 年 月 日	
备 注	追溯码：		

批准：   审核：   制表：

***监督检验测试中心（**）

检验结果报告书

No：   共 2 页第 2 页

序号	检验项目	单位	标准要求	检验结果	单项结论	检验依据
1						
……						
注：						

七、包装环节信息

【标准原文】

7.3.4 包装环节

应采集追溯码或产品批次号、包装形式、包装材料、产品规格、标签使用记录（追溯码或产品批次号、日期、数量）等信息。

【内容解读】

1. 包装材料和形式

（1）包装形式 冷藏冷冻技术、气调保鲜技术、辐射技术和化学储藏技术。

（2）包装材料 泛指直接接触并构成包装的塑料、纸张、木材、金属、纤维等材料的总称。无论何种材质均应具有相应的力学性能（强度、硬度、刚性、塑性、韧性等）、渗透性（透过性和阻隔性）、耐温性（耐低温、保温性）、化学稳定性能（耐油、耐酸、耐碱、耐腐蚀）、光学性能等，能抗御农产品在物流中正常外部条件的影响。除满足以上要求外，食用菌干品的包装材料还应具有适宜的防潮性和耐霉性。

2. 产品规格

根据食用菌的类型、性状及特性等合理选择包装材料和包装技术，确保食用菌在物流过程中的质量和卫生安全。包装材料应符合国家相关食品安全和卫生法规的规定。内包装材料应符合 GB 4806.7 的要求。外包装瓦楞纸箱符合 GB/T 6543 的要求，塑料编织袋符合 GB/T 8946 的要求。塑料周转筐应符合 GB/T 5737 的要求。

【实际操作】

（1）包装材料要求

① 应按包装技术要求，合理选择安全、卫生、环保的包装材料。

② 包装材料不应与内装物发生任何物理和化学作用而损坏内装物，包装材料必须是由国家批准可用于食品的材料。

③ 直接接触食用菌产品的包装必须符合食品卫生要求，应不易褪色，不得含有有毒有害物质，不能对内容物造成直接或间接的污染。符合国家有关食品卫生标准和管理办法的规定。

④ 采用气调、真空等包装技术的，气密性应符合相关标准的要求。

⑤ 包装容器的生产应取得食品包装卫生许可证。对于已纳入容器生

产许可管理范围的，应通过相应机构认证并取得生产许可证。

（2）包装材料的控制

① 建立与产品直接接触内包装材料合格供方名录，制定验收标准。

② 包装材料接收时应由供方提供符合相关法律法规、标准要求的检验报告。

③ 当供方或材质发生变化时，应重新评价，并由供方提供检验报告。

（3）包装材料采购与验收的记录应包括的内容

① 包装材料的名称、规格、数量、采购日期、供货单位、合格证、合同名称、采购者名称。

② 包装材料的供货清单、供货日期、供货者名称及其联系方式。

③ 包装材料的验收所依据标准或者规范的名称（或编号）、验收情况、验收不合格包装材料的处理、验收者名称。

④ 包装材料的储存地点、储存条件、保质期。

包装材料采购记录见表 2-64，包装材料验收记录见表 2-65。

表 2-64　包装材料采购记录

采购日期	包装材料名称	产品批号	规格	数量	检测报告	供货商	联系方式	采购人

表 2-65　包装材料验收记录

包装材料名称		规格	
产品批号		供应商	
验证项目			
序号	验证项目	验证情况	判定
1	尺寸	□有□无	□符合□不符合
2	破损	□有□无	□符合□不符合
3	图案、文字是否清晰、正确	□有□无	□符合□不符合
验收结果：□合格□不合格			
检验员：		检验时间：	

八、储运环节信息

【标准原文】

7.3.5 储运环节

应采集追溯码或产品批次号、数量、储存温度、湿度、储存起止日期、运输车船号等信息。

【内容解读】

产品应放置在指定的成品库里。如果有多个成品库，应对每个成品库进行编号加以区分，如成品库1号、成品库2号等。产品储藏日期应包括产品入库和出库日期；储藏设施包括控温设施、照明设施及监控设施；成品库应有专人管理，定期检查质量和卫生情况，及时清理变质或超过保质期的产品，保管员应做好定期检查。

运输工具包括车、船，应进行编号；运输车应保证车厢洁净、无异味，记录车辆卫生状况；应根据产品特点配备制冷、保温和温度监控等设施；运输日期和位置均应记录起止的日期和位置；运输数量可以t或件记录。同时，为了运输产品可追溯，记录上应有产品追溯码。

【实际操作】

储藏要求包括如下：

① 储存库内应保持清洁、卫生、整齐，不应存放有碍卫生的物品，同一库内不应存放可能造成相互污染或者串味的食品。应设有防霉、防鼠、防虫设施，定期消毒。

② 库内物品分垛存放，标识清楚；物品出库应遵循先进先出的原则。叠筐码垛，垛高不超过6层，离冷风机不少于1.5 m，离库边0.2～0.3 m，垛间距0.6～0.7 m，通道宽2 m为宜。

③ 储存库的温度、湿度应满足产品特性要求。冷藏库的温度控制在0～4 ℃为宜。

④ 建立储存设施管理记录程序。

⑤ 应记录并保存产品出入库的日期、库号、追溯码、名称、规格、数量、储藏条件、保管员，产品储藏记录表见表2-66。

产品运输信息表见表2-67。

表 2 - 66　产品储藏记录

日期	类型（出库或入库）	库号	追溯码	产品名称	规格	数量（t）	储藏条件	客户名称（出库填写）	车船号（出库填写）	保管员

表 2 - 67　产品运输信息

追溯码	运输工具	运输号	卫生状况	运输温度	运输日期	起止位置	运输数量（t）	责任人

九、销售环节信息

【标准原文】

7.3.6　销售环节

应采集追溯码或产品批次号、销售日期、销售量、经销（采购）商、运输车船号等信息。

【内容解读】

1. 经销（采购）商、零售商

产品的市场流向信息应是具体的经销（采购）商。经销（采购）商不一定直接零售，它可流转到零售商，零售商则直接销售给消费者。以上销售信息结合追溯码上反映的信息，可以确保产品追溯信息从生产到消费的可追溯性。

2. 进货时间、上市时间

这些信息是经销（采购）商、零售商应记录的信息。进货时间和上市时间可使产品不超过其保质期。

【实际操作】

产品销售信息见表 2 - 68。

表 2 - 68　产品销售信息

追溯码	经销（采购）商	零售商	进货时间	上市时间	责任人

第七节　信息管理

一、信息存储

【标准原文】

8.1　信息审核和录入

信息审核无误后方可录入。

8.2　信息存储

纸质记录及其他形式的记录应由负责人签字确认并及时归档，且采取相应的安全措施备份保存。所有记录和凭证保存期限不得少于产品保质期满后 6 个月；没有明确保质期的，保存期限不得少于 2 年。

【内容解读】

信息管理制度所称信息是指在农产品质量安全追溯系统建设和运行过程中形成的、与农产品质量安全追溯相关的信息。农业生产经营主体在农产品质量安全追溯过程中应建立统一规范、分级负责、授权共享、运行安全的信息管理制度。

农产品质量安全追溯系统记录信息主要分种植信息和加工信息两部分。信息的记录方式主要分为纸质记录和电子记录。所有信息档案在生产周期结束后均应由专门部门、专人负责至少保存 2 年。

信息管理制度应包含以下部分：

1. 总述

① 农业生产经营主体为加强自身产品质量安全追溯信息系统管理及设备使用、维护，保障质量安全追溯工作顺利实施，制定农业生产经营主体的信息管理制度。

② 农业生产经营主体信息管理制度旨在根据农业生产经营主体的产品质量安全追溯信息系统运行特点，结合生产管理现状、机构设置情况和设备分配情况，明确岗位责任，细化岗位分工，规范操作行为，确保系统设备正常维护、运行，保障追溯信息系统顺畅运行。

③ 农业生产经营主体信息管理制度的建立，应遵循注重实际、突出实效、强化责任、协调配合的原则。

④ 农业生产经营主体信息管理制度适用于承担该产品质量安全追溯信息系统运行任务的部门和人员。

2. 岗位职责

农业生产经营主体质量安全追溯信息系统操作流程中，各环节由专门机构负责生产和信息管理，信息采集后及时通过网络传送到追溯信息系统平台。下面以食用菌为例。

（1）菌种和原料收购与检验　由生产主体合理制订生产计划和收购计划，根据计划指派专人按追溯精度实行单收，采用菌种生产单位资质审查菌种制备和检验、原材料类型等措施，完成菌种和原料的收购与检验。仓储位置要与非追溯产品加以隔离，并设置显著的识别标志。期间产生的信息及时记录并上传。

（2）生产　由生产主体负责进行信息采集，通过统一生产管理模式，采取统一供应菌种，统一购置原料、农药等投入品，统一标准作业等措施，完成产品的生产过程。信息采集由信息采集员具体负责，纸质档案记录到户或种植户组，信息采集后及时通过网络传送到追溯信息系统平台。

（3）产品加工　加工企业按照追溯精度组织分批加工、包装，追溯产品的加工与非追溯产品的加工要具有一定的时间间隔，追溯产品的包装样式要有别于非追溯产品。

（4）成品入（出）库　加工企业按照生产班次接收成品，进行质量检验，并按生产批次、产品类别等分开存放，设立标识便于区分。

（5）成品检测　成品检测由实验室负责，检测项目及方法按照国家相应标准执行，产品检验后填写产品出厂检验报告。

（6）销售　加工企业通过各地分销商、批发商和零售商实现有计划的产品销售。

3. 设备使用及维护职责

本制度所涉及的质量安全追溯设备包括网络设备、UPS，以及各部门及采集点所分配的计算机、打印机、U 盘、加工农业生产经营主体分配的标签打印机等。应进行正确、安全的使用及日常的维护工作。

4. 日常运行

（1）原始档案记录　原始档案记录是追溯信息的源头，信息采集人员是此项工作的责任人，主管领导对档案记录的真实性负有领导责任。信息记录人员要严格按照农业生产经营主体下发的信息记录表所列项目填写，保证信息完整、准确。

农业生产经营主体应设立专门机构或人员负责对追溯项目实施过程中设备分配情况、项目运行情况、日常监管情况、信息上报情况等进行记录。

（2）信息中心 农业生产经营主体信息中心负责质量安全追溯信息管理、审核、上报。拥有对追溯信息的最高管理权限。

信息中心对各采集点的数据及纸质记录进行抽查核对，发现问题退回信息采集点核实修改后进行上报。上报数据经信息中心核查无误后，上传至质量安全追溯系统平台，同时对上报数据进行备份。传输追溯信息的时间不得晚于追溯产品的上市时间。

（3）信息系统应急 当出现因错误操作或其他原因造成运行错误、系统故障时，应立即停止工作，上报故障情况。当天无法排除故障时，应保存好纸质信息记录，待系统恢复后及时将信息录入质量安全追溯信息系统平台。

喷码机、标签打印机等专用设备出现故障无法正常使用时，相关负责人要及时上报，生产经营主体质量安全追溯相关部门根据故障发生情况作出响应，下发备用设备并及时联系技术人员对故障机器进行维修，最大程度减少故障造成的影响。

5. 运行监管

信息中心、生产技术部门、农业生产经营主体作为协管部门应积极配合追溯监管工作，各单位的主任、经理是监管责任人。其监管职责是：

① 信息中心主任负责追溯信息的日常管理，包括数据的采集、上报、审核、整理、上传等。

② 生产技术部门主任负责种植档案填写、系统信息采集、上报的监管。

③ 农业生产经营主体经理负责产品加工计划、加工档案填写、信息的采集、上报的监管。同时，要对标识载体的使用进行监督。

6. 系统维护

（1）设备的购置、领用及盘查 设备由农业生产经营主体信息中心统一组织采购，并按需求发放到各采集点。购置的设备应建立设备台账，在发放中确定设备使用主体及设备负责人，经签字确认后领取。设备负责人作为关键设备的直接责任人，负责对设备进行日常使用及维护，保障设备及数据安全。信息中心定期对设备的使用情况进行盘查，发现挪用、损坏现象追究相关人员责任。

（2）计算机操作维护 每台计算机在使用时要保持清洁、安全、良好的工作环境。每台计算机要指定专人负责，做到专机专用，禁止非操作人员使用及挪作他用。每台计算机要设置管理员登录密码，防止非法用户擅自进入系统，篡改信息。不得私自拆解设备或更换、移除电脑配件。及时按正确方法对计算机进行清洁和保养，保证计算机正常使用及运行。操作人员有事离开时，要先退出应用软件或将桌面锁定。每台计算机均要安装有效的病毒防范和清除软件，并做到及时升级。信息录入时要注意经常备份系统数据。备份除在计算机中保存外，要利用 U 盘、移动硬盘等媒介重复备份。

（3）专用设备操作维护　本制度所称的专用设备包括条码打印机、喷码机等。追溯专用设备使用前，操作者均应详细阅读使用说明书，并严格遵从所有规范的操作方法。关键设备需要先对操作人员进行技术培训后方可使用，未进行培训的人员不得擅自使用追溯设备。所有设备的说明书要进行统一保管，不得遗失。所有设备要登记造册，不得更换、遗失设备。

7. 人员培训

为保证质量安全追溯工作的顺利实施，应对相关人员进行培训。

（1）制度培训　对项目涉及的所有人员进行上岗前追溯制度及工作流程技术培训；质量安全追溯制度修改后，要增加更新内容解读的培训。

（2）技术培训　每年农业生产开始前由农业生产经营主体相关部门对质量安全追溯涉及的生产人员、技术管理人员进行技术培训，掌握高标准的技能知识。

（3）定岗培训　当责任部门、追溯岗位技术人员因职务变动、岗位调换等原因发生变化时，要分别对新增人员进行管理制度和系统操作技术的培训，保证其能够尽快熟知工作制度，掌握系统操作技能。

【实际操作】

农业生产经营主体（组织或机构）农产品质量安全追溯系统记录信息（以食用菌为例）主要记录方式分为纸质记录和电子记录。

1. 纸质信息的存储、审核、录入要求

① 各信息采集点采集人员根据追溯产品的生产环节做好纸质档案记录，尤其是在投入品的种类及使用信息、生产工艺中的原料收购、储藏、加工条件等记录。

② 要求各采集点的原始档案记录要及时、真实、完整、规范，记录后认真核查，确认无误后由信息记录员录入质量安全追溯系统平台。

③ 加工环节要做到动态汇总整理，做好入库、出库及加工的详细记

录，并及时汇总上传。

④ 所有纸质原始记录在生产阶段或加工阶段结束后，由信息采集员进行整理，统一上交进行归档保管。

⑤ 原始记录应及时归档，装订成册，每册有目录，查找方便；原始档案有固定场所保存，要有防止档案损坏、遗失的措施。

2. 电子信息储存、审核、录入要求

各采集点的追溯信息应在每次录入完毕后进行备份。电子记录备份到计算机的非系统盘和可移动硬盘上。生产周期内，要保证应每2周将采集的数据备份一次。农业生产经营主体信息中心要保证在新数据上传时及时备份，并交专人保管，做好记录。用于储存电子信息的计算机和可移动硬盘应专用，不可他用。做好电子病毒防护工作并定期进行杀毒管理。可移动硬盘存储设备应归档保管，由专人负责，防止损坏。所有信息档案在生产周期结束后应至少保存2年。

二、信息传输

【标准原文】

8.3 信息传输

上一环节操作结束时应及时将信息传输给下一环节。

【内容解读】

农业生产经营主体农产品追溯环节主要分为生产环节和加工环节。完善的通信网络可以确保各信息采集点信息传递渠道的畅通。各个环节操作时，应及时采集各个环节的相关信息，并做好纸质记录和电子记录。各个环节的信息记录应编写唯一性环节信息代码，以便传递给下一环节。

【实际操作】

信息传输包括承接、传递、编辑和上报。农业生产经营主体与加工企业实行一对一单线承传关系。采集的信息数据以代码形式传递给下一环节，应准确无误，每个传递环节之间应进行核实。信息采集后，要在第一时间通过网络或者可移动设备等将数据信息及时上报到信息中心。信息中心对上报的各个环节信息进行核实、编辑汇总，无误后将信息传输到质量安全追溯系统平台。信息传输关系示意图见图2-16。

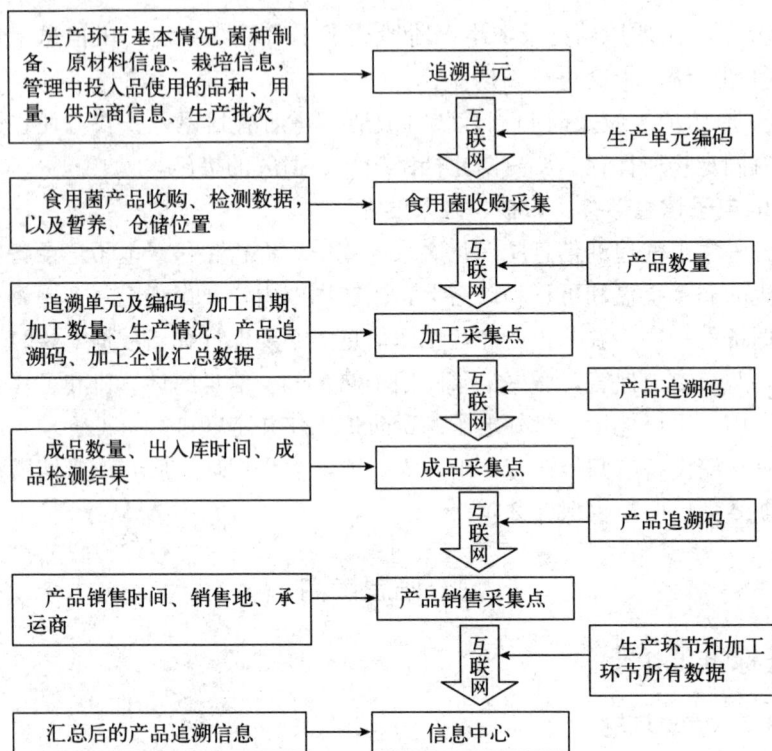

图 2-16　信息传输关系示意图

三、信息查询

【标准原文】

8.4　信息查询

食用菌生产经营主体的产品追溯信息应可查询。建立信息化追溯体系的应纳入相应的追溯信息公共查询平台，查询信息应至少包括生产者、产品、产地或加工厂、批次（或生产日期）、产品标准、检验结果等内容。

【内容解读】

生产经营主体采集的信息应覆盖生产、加工等全过程，满足追溯精度和深度的要求。使消费者能够查询到追溯产品的质量安全信息，其查询内容应突出个性化（查询信息应能图文并茂）。查询内容至少包括生者、产品、产地或加工厂、批次（或生产日期）、产品标准、检验结果等内容。

【实际操作】

具备信息化的生产经营主体应定制信息查询系统和产品追溯流程，确定每个环节信息采集内容和格式要求，汇总各信息采集点上报的数据，形成完整追溯链，并通过网络向数据中心上传数据。调试标签打印机、喷码机等专用设备，规范采集点编号，建立操作人员权限，形成符合生产经营主体实际的追溯系统，实现上市农产品可查询、可监管。不具备信息化的生产经营主体应确保能通过纸质记录查询相关信息。

产品追溯标签是消费者查询的主要方式。生产经营主体应将追溯标签使用粘贴的方式或其他合理方式置于产品最明显的位置，方便消费者在购买时进行查询使用。

消费者通过查询农产品质量安全追溯码应可以查询到生产者、产品、产地、加工厂、批次（或生产日期）、产品标准、检验结果等主要信息。生产经营主体应做到生产有记录、流向可追踪、信息可查询、质量可追溯、责任可界定。信息查询图见图2-17。

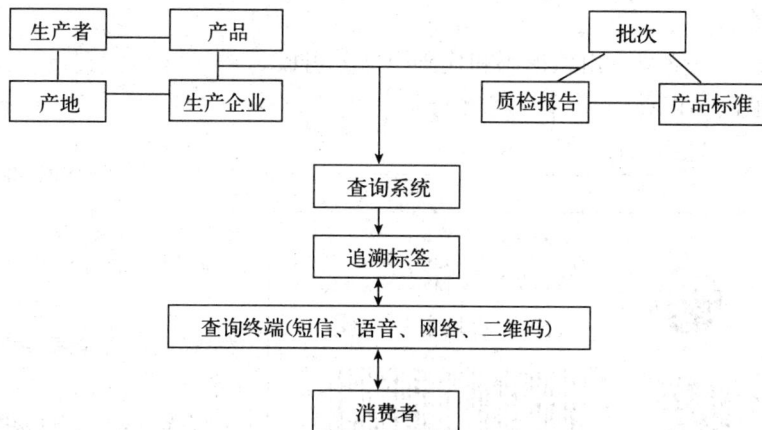

图 2-17 信息查询图

第八节 追溯标识

【标准原文】

9 追溯标识

按 NY/T 1761 的规定执行。

【内容解读】

NY/T 1761 的规定内容如下：

① 农产品经过生产、加工、包装等过程后形成最终产品时应同时形成追溯标识，它是质量追溯信息的载体或查询媒介。

② 追溯标识内容应包括农产品追溯码、信息查询渠道、追溯标志。

③ 追溯标识载体根据包装特点采用不干胶纸制标签、锁扣标签、捆扎带标签、喷印等形式，标签位置显见，固着牢靠，标签规格大小由农业生产经营主体自行决定。

【实际操作】

1. 追溯标识的设计及内容

追溯标识要求图案美观，文字简练、清晰，内容全面、准确。追溯标识包括以下 4 个方面的内容：

（1）追溯标志　图形已作规定，大小可依追溯标签大小而变。

（2）说明文字　表明农产品质量安全追溯等内容。

（3）信息查询渠道　包括语音渠道、短信渠道、条形码渠道、二维码渠道等。

（4）追溯码　由条形码和代码两部分组成。

追溯标识见图 2 - 18。

图 2 - 18　追溯标识

目前，二维码广泛用于各种商标和商品识别中，主要有 QR 码、Maxi 码、PDF417 码、Aztec 码等。农产品质量安全追溯标识中现使用 QR 码。QR 码具有超高可靠性、防伪性和可表示多种文字图像信息等特点，在我国被广泛应用。

2. 追溯标签的粘贴及形式

追溯标签的粘贴要求如下：

① 粘贴位置应美观、整齐、统一，位于直面消费者包装的显著位置。

② 粘贴牢固，难以脱落、磨损。依据产品及其包装材质，农业生产经营主体自主决定用不干胶纸制标签、锁扣标签、捆扎带标签、喷印等形式。采用喷码打印或激光打码时，应图案清晰、位置合理，且产品包装应体现查询方式。

③ 标签使用的规格大小由农业生产经营主体自行决定，其应与追溯产品包装规格匹配，大小适合自身产品即可。

3. 追溯标识载体的使用

① 追溯标识载体出入库时，要认真清点，做到数量、规格准确无误。

② 追溯标识载体仅使用于追溯产品，其他产品严禁使用。追溯产品使用追溯标识载体时，必须按照要求在指定位置粘贴追溯标签或者喷制产品追溯码。

第九节 体系运行自查

【标准原文】

10 体系运行自查

按 NY/T 1761 的规定执行。

【内容解读】

根据 NY/T 1761 规定，农业生产经营主体应建立追溯体系的自查制度，定期对农产品质量追溯体系的实施计划及运行情况进行自查，以确定计划的可操作性、完善性与实施程度，测评追溯信息的真实性、及时性、有效性。检查结果应形成记录，必要时提出追溯体系的改进意见。

1. 概述

自查制度是为检查农业生产经营主体各项农产品质量安全追溯活动是否符合体系要求，验证其所建立的农产品质量安全追溯体系运行的适宜性、有效性，评价是否达到农产品质量安全追溯体系建设预期目标而进行的、有计划的、独立的检查活动。通过自查，能发现问题、分析原因、采取措施解决问题，以实现农产品质量安全追溯体系的持续改进。

2. 目的

① 确定受审核部门的农产品质量安全追溯体系建设对规定要求的符合性。

② 确定所实施的农产品质量安全追溯体系满足规定目标的有效性。

③ 通过自查了解农业生产经营主体农产品质量安全追溯体系的活动情况与结果。

3. 依据

农产品质量安全追溯体系文件对体系的建立、实施提供具体运作的指导，是自查依据的主要准则。

4. 原则

农产品质量安全追溯体系的实施计划及运行情况自查应遵从实事求是、客观公正、科学严谨的原则。

（1）客观性　客观证据应是事实描述，并可验证，不含有任何个人的推理或猜想。事实描述包括被询问的负有责任的人员的表述、相关的文件和记录等存在的客观事实。

对收集到的客观证据进行评价，并最终形成文件。文件内容包括自查报告、巡检员检查表、不符合项报告表、首末次会议签到等。通过文件形式以确保自查的客观性。

（2）系统性　自查分为材料审查和现场查看2种形式。

材料审查重点是检查农产品质量安全追溯体系文件的符合性、适宜性、可操作性。根据自查小组成员的分工，对照农产品质量安全追溯体系运行自查情况表中所规定的各项检查内容逐项进行，同时做好存在问题的记录。

现场查看重点是检查农产品质量安全追溯体系文件执行过程的符合性、达标性、有效性、执行效率。例如，察看农产品质量安全追溯产品生产的各个环节、质量安全控制点和相关原始记录情况；察看硬件网络和质量安全追溯设备配置建设情况、系统运行应用情况；检查系统管理员及信息采集员的操作应用情况、信息采集情况以及软件操作熟练程度；从农产品质量安全追溯系统中随机抽取若干个批次的追溯码进行可追溯性验证，查询各环节信息的采集和记录情况，将纸质档案与系统内信息进行对照检查，检查是否符合要求。

符合性是指农产品质量安全追溯活动及有关结果是否符合体系文件要求。

有效性是指农产品质量安全追溯体系文件是否被有效实施。

达标性是指农产品质量安全追溯体系文件实施的结果是否达到预期的目标。

5. 人员配置及职责

根据农产品质量安全追溯体系自查工作需要，自查小组成员一般由农业生产经营主体中生产技术部、品质管理部、企业管理部、信息技术部等人员组成。根据自查小组成员自身专业特长和工作特点赋予其不同的职责。当农业生产经营主体规模较大，部门设置比较完善的情况下，可以由以下部门人员组成自查小组。当农业生产经营主体规模较小，部门设置不全的情况下，可以一人兼顾多人的工作职责组成自查小组。

（1）生产技术部人员 主要由从事农业生产、在某一特定的区域对某种产品的生产、加工、储运等方面具有一定知识的生产技术人员组成。主要承担农产品质量安全追溯体系的生产档案建立、信息采集点设置等方面的工作。

（2）品质管理部人员 主要由了解农产品质量安全标准、从事农产品检测等方面的人员组成。主要承担农产品质量安全追溯产品质量监控、产品检测、人员培训等方面的工作。

（3）企业管理部人员 主要由从事项目管理、了解农产品质量安全追溯体系建设基本要求和工作特点的人员组成。主要承担农产品质量安全追溯体系的制度建立、规划制定等方面的工作。

（4）信息技术部人员 主要由了解农产品质量安全追溯体系构成及应用、能够熟练处理追溯系统软件、硬件问题的人员组成。主要承担农产品质量安全追溯体系应用等方面的工作。

6. 频次

（1）常规自查 按年度计划进行。由于农产品生产的特殊性，应每一生产周期至少自查一次。

（2）增加自查频次 当出现下列情况时，农业生产经营主体应增加自查频次：

① 出现质量安全事故或客户对某一环节连续投诉。

② 内部监督连续发现质量安全问题。

③ 农业生产经营主体组织结构、人员、技术、设施发生较大变化。

【实际操作】

农产品质量安全追溯体系内部自查审核一般分为 5 个阶段：自查的策划与准备、自查的实施、编写自查报告、跟踪审核验证、自查的总结。农产品质量安全追溯体系自查流程图见图 2-19。

1. 自查的策划与准备

生产经营主体组织有关人员策划并编制年度自查计划。年度自查计划可以按受审核部门进行开展。自查计划见表 2-69。

成立自查组	①确定组员 ②最高管理者授权 ③通知准备
制定方案	①最高管理者批准 ②召开小组会，明确分工 ③审核前工作文件准备
编制检查表	①根据分工编制 ②自查组长认可
首次会议	①提前通知，明确要求 ②组长主持 ③与会人员签到
现场审核	①收集证据，记录 ②开具不符合项报告 ③受审核方确认、纠正承诺 ④每天审核前碰头会
末次会议	①双方参加、签到 ②宣读不符合项报告、结论 ③提出纠正要求
编制自查报告	①最高管理者批准 ②报告分发
制定实施纠正措施，跟踪审核	①制定纠正措施 ②实施纠正措施 ③跟踪验证记录

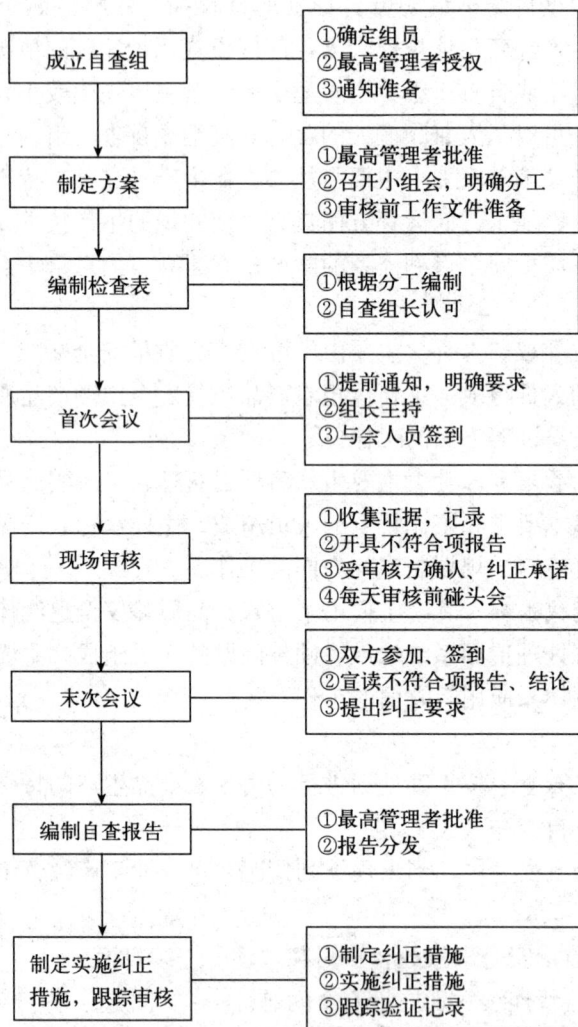

图 2-19 自查流程图

表 2-69 年度农产品质量安全追溯体系自查计划

序号	受审核部门	审核月份											
		1月	2月	3月	4月	5月	6月	7月	8月	9月	10月	11月	12月
1	种植基地												
2	生产车间												

（续）

序号	受审核部门	审核月份											
		1月	2月	3月	4月	5月	6月	7月	8月	9月	10月	11月	12月
3	品质管理部												
4	销售部												
5	信息部												
6	企业管理部												
7	生产技术部												

由生产经营主体最高管理人授权成立自查小组，由自查组长编写自查实施计划。自查实施计划见表2-70。内容包括自查的目的、性质、依据、范围、审核组人员、日程安排，准备自查工作文件。工作文件主要是自查不符合项报告表见表2-71、自查报告见表2-72。农产品质量安全追溯体系运行自查情况表见表2-73。

表2-70 年度农产品质量安全追溯体系自查实施计划

自查日期：				
自查目的：				
自查性质：				
自查依据：				
自查范围：				
自查组 组长： 副组长： 组员：				
日程安排				
日期	时间	受审核部门	条款/内容	自查员

表 2-71　年度农产品质量安全追溯体系自查不符合项报告表

受审核部门		部门负责人	
自查员		审核日期	

不符合事实描述：

不符合：工作规范□　应急预案□　质量控制□　信息运行□　其他文件□
不符合文件名称（编号）及条款：

不符合类型：　体系性□　实施性□　效果性□
要求纠正时限：一周□　二周□　三周□　约定时间□
自查员：　　　　　　　　　　　　　　　　　　部门负责人：
日期：　年　月　日　　　　　　　　　　　日期：　年　月　日

不符合原因分析及拟定纠正措施：

　　　　　　　　　　　　　　　　　当事人：　　日期：　年　月　日
　　　　　　　　　　　　　　　　　自查员：　　日期：　年　月　日
　　　　　　　　　　　　　　　部门负责人：　　日期：　年　月　日

纠正措施完成情况：

　　　　　　　　　　　　部门负责人：　　　　　　　年　　月　　日

纠正措施的验证：

　　　　　　　　　　　　　自　查　员：　　　年　月　日
　　　　　　　　　　　　部门负责人：　　　年　月　日

自查组长：　　　　　　　　　　　　　　　　　年　　月　　日

表 2-72　年度农产品质量安全追溯体系自查报告

自查性质		自查日期	
自查组员：			
自查目的：			
自查范围：			
自查依据：			

自查过程综述：

自查组长：　　　　　　　　批准：
日期：　　　　　　　　　　日期：

表 2-73 农产品质量安全追溯体系运行自查情况表

条款	检查内容	检查要点	不符合事实描述	整改落实情况
1	建立工作机构，相关工作人员职责明确	见机构和人员部分要求		
2	制定完善、可操作的追溯工作实施方案，并按照实施方案开展工作	见机构和人员部分要求		
3	制定完善的产品质量安全追溯工作制度和追溯信息系统运行制度	见管理制度部分要求		
4	产品质量安全事件应急预案等相关制度按要求修改完善并落实到位	见管理制度部分要求		
5	各信息采集点信息采集设备配置合理	见实施要求部分要求		
6	配置适合生产实际的标签打印、条码识别等专用设备	见实施要求部分要求		
7	追溯精度与追溯深度设置是否符合生产实际	见实施要求部分要求见术语和定义部分要求		
8	采集的信息覆盖生产、加工等全过程的关键环节，满足追溯精度和深度的要求；具有保障电子信息安全的软硬件措施；系统运行正常，具备全程可追溯性	见实施原则部分要求见信息采集部分要求		
9	规范使用和管理追溯标签、标识；信息采集点设置合理，生产档案记录表格设计合理；生产档案记录真实、全面、规范，记录信息可追溯；具有相应的条件保障企业内部生产档案安全	见信息采集部分要求见追溯标识部分要求		
10	具有质量控制方案，并得以实施	见管理制度部分要求		
11	具有必要的产品检验设备，计量器具检定有效，产品有出厂检验和型式检验报告	见产品检验部分要求		

2. 自查的实施

自查的实施按照首次会议、现场审核、碰头会、开具不符合项报告及召开末次会议的程序依次进行。自查首末次会议签到表见表 2-74。

表 2-74 自查首末次会议签到表

会议名称	首次会议□		末次会议□	
会议日期			会议地点	
参加会议人员名单				
签名		职务		

自查实施以首次会议开始，根据农产品质量安全追溯体系文件、自查表和计划的安排，自查员进入现场检查、核实。在现场审核时，自查员通过与受审核部门负责人及有关人员交谈、查阅文件和记录、现场检查与核对、调查验证、数据的汇总分析等方法，详细记录并填写农产品质量安全追溯体系运行自查情况表，经过整理分析和判断等综合分析并经受审核方确认后开具不合格项报告，得出审核结论，并以末次会议结束现场审核。末次会上，由自查小组组长宣读自查不符合项报告，做出审核评价和结论，提出建议的纠正措施要求。

（1）首次会议 首次会议需要自查小组全体成员和受审核部门主要领导共同参加的会议。会议应向受审核部门明确自查的目的意义、作用、方法、内容、原则和注意事项。宣布自查日程时间表、自查小组成员的分工、自查过程、内容和现场察看地点等。

（2）现场审核 现场审核在整个自查过程中占据着重要的地位。自查工作的大部分时间是用于现场审核，最后的自查报告也是依据现场审核的结果形成的。

现场审核记录的要求：

① 应清楚、全面、易懂。

② 应准确、具体，如文件名称、记录编号等。

（3）不符合项报告 不符合项报告中的不符合项可能是文件的不符合项、人员的不符合项、环境的不符合项、设备的不符合项、溯源的不符合项等。主要可以分为 3 类：

① 体系性不符合，即农产品质量安全追溯体系文件的制定与要求不符或体系文件的缺失。例如，未制定产品质量控制方案。

② 实施性不符合，即制定的农产品质量安全追溯体系文件符合要求且符合生产实际，但员工未按体系文件的要求执行。例如，规定原始记录应在工作中予以记录，但实际上都是进行补记或追记。

③ 效果性不符合，即制定的农产品质量安全追溯体系文件符合要求且符合生产实际，员工也按体系文件的要求执行，但实施不够认真。例如，原始记录出现漏记、错记等。

不符合项报告的注意事项：不符合事实陈述应力求具体；所有不符合项均应得到受审核部门的确认；开具不符合项报告时，应考虑其应采取的纠正措施以及如何跟踪验证，是否找到出现不符合的根本原因。

（4）末次会议　末次会议需要自查小组全体成员和受审核部门主要领导共同参加的会议。会议宣读不符合项报告，并提交书面不符合项报告；提出后续工作要求（制定纠正措施、跟踪审核等）。

3. 编写自查报告

自查报告是自查小组结束现场审核后必须编制的一份文件。自查小组组长召集小组全体成员交流自查情况，并汇总意见，讨论自查过程中发现的问题，对农业生产经营主体的农产品质量安全追溯体系建设工作进行综合评价，研究确定自查结论，对存在的问题提出改进或整改要求。自查小组需要交流汇总的主要内容包括自查主要内容、自查基本过程、可追溯性验证情况、自查的结论、对存在问题的限期改进或整改意见等。自查报告通常包括以下内容：审核性质、审核日期、自查组成员、自查目的、审核范围、审核依据、审核过程概述。

4. 跟踪审核验证

跟踪审核验证是自查工作的延伸，同时也是对受审核部门采取的纠正措施进行审核验证，对纠正结果进行判断和记录的一系列活动的总称。跟踪审核的目的：

① 促使受审部门实施有效的纠正/预防措施，防止不符合项的再次发生。

② 验证纠正/预防措施的有效性。

③ 确保消除审核中发现的不符合项。

自查组长应指定一名或几名自查员对不符合项的纠正，以及对纠正措施有效性进行跟踪验证并确认完成及合格后，做好跟踪验证记录，将验证记录等材料整理归档（纠正措施完成情况及纠正措施的验证情况可在不符合项报告表中一并体现）。

5. 自查的总结

年度自查全部完成后，应对本年度的自查工作进行全面的评价，包括年计划是否合适、组织是否合理、自查人员是否适应自查工作等内容。

第十节　质量安全问题处置

【标准原文】

11　质量安全问题处置

按 NY/T 1761 的规定执行。召回产品应按相关规定处理，召回及处置应有记录。

【内容解读】

NY/T 1761 规定，可追溯农产品出现质量安全问题时，农业生产经营主体应依据追溯体系迅速界定产品涉及范围，查验相关记录，确认追溯深度，确定农产品质量问题发生的地点、时间、追溯单元和责任主体，并按相关规定采取召回或销毁等相应措施。

1. 可追溯农产品

可追溯性即从供应链的终端（产品使用者）到源头（产品生产者或原料供应商）识别产品或产品成分来源的能力，即通过记录或标识追溯农产品的历史、位置等的能力。具有可追溯性的农产品即为可追溯农产品。

2. 质量安全问题

《中华人民共和国农产品质量安全法》规定，农产品质量安全指农产品质量符合保障人的健康、安全的要求。农产品质量安全问题包括以下几方面：

① 含有国家禁止使用的农药、兽药或者其他化学物质的。

② 农药、兽药等化学物质残留或者含有的重金属等有毒有害物质不符合农产品质量安全标准的。

③ 含有的致病性寄生虫、微生物或者生物毒素不符合农产品质量安全标准的。

④ 使用的保鲜剂、防腐剂、添加剂等材料不符合国家有关强制性的技术规范的。

⑤ 其他不符合农产品质量安全标准的。

3. 农产品质量安全问题来源分析

建立了追溯系统的农业生产经营主体，在农产品发生质量安全问题时，可以根据农产品具有的追溯码，查询到该问题产品生产全过程的信息记录，从而确定问题产品涉及范围，判断质量安全问题可能发生的环节，确定农产品质量安全问题发生的地点、时间、追溯单元和责任主体。

农产品出现质量安全问题，主要发生在以下 5 个环节：

① 含有国家禁止使用的农药或者其他化学物质，主要发生在种植环节，生产者违规使用了国家禁止使用的农药或其他化学物质。

② 农药等化学物质残留或者含有的重金属等有毒有害物质不符合农产品质量安全标准，主要发生在种植环节。一方面，生产者使用的农药没有达到药物安全间隔期即收获，导致药物残留不符合标准要求；另一方面，生产者没有按照国家标准规定（如农药的剂型、稀释倍数、使用量、使用方式等）正确使用药物，导致药物残留不符合标准要求。食用菌产品重金属含量超标主要是由于产地环境不符合标准要求，如主料、辅料及水源中重金属含量超标，导致农产品在成长过程中吸收重金属，最终导致农产品中重金属含量不符合标准要求。

③ 含有的微生物或者生物毒素不符合农产品质量安全标准，主要发生在仓储、运输环节。由于环境、卫生条件不符合要求，导致农产品发生霉变，从而产生微生物或者生物毒素等有害物质，导致产品质量不符合标准要求。

④ 使用的食品添加剂等材料不符合国家有关强制性的技术规范，主要发生在农产品加工、储运环节。由于违规使用国家禁止使用的添加剂或超量使用等原因，造成农产品质量不符合国家标准要求。

⑤ 其他不符合农产品质量安全标准要求的一些理化指标。

【实际操作】

农业生产经营主体应确保具有质量安全问题的农产品得到识别和处置，以防止其非预期的使用或消费。应编制相关文件控制程序，以规定质量安全问题产品识别和处置的有关责任、权限和方法，并保持所有程序的实施记录。

1. 实施预警反应计划和产品召回计划

当具有质量安全问题的食用菌进入流通市场后，农业生产经营主体应实施预警反应计划和产品召回计划。当发生食品安全事故或紧急情况时，应启动应急预案。

（1）预警反应计划　农业生产经营主体应采用适宜的方法和频次监视已上市食用菌产品的使用安全状况，包括消费者抱怨、投诉等反馈信息。根据监视的结果评价已上市产品中安全危害的状况，并针对危害评价结果确定已上市产品在一定范围内存在安全危害的情况，农业生产经营主体应按以下要求制订并实施相应的预警反应计划，以防止安全危害的发生：

① 识别确定安全危害存在的严重程度和影响范围。

② 评价防止危害发生的防范措施的需求（包括及时通报所有受影响的相关方的途径和方式，以及受影响产品的临时处置方法）。

③ 确定和实施防范措施。

④ 启动和实施产品召回计划。

⑤ 根据产品和危害的可追溯性信息实施纠正措施。

（2）**产品召回计划** 农业生产经营主体应制订产品召回计划，确保受安全危害影响的上市食用菌产品得以全部召回。该计划应至少包括以下5个方面的要求：

① 确定启动和实施产品召回计划人员的职责与权限。

② 确定产品召回行动需符合的相关法律、法规和其他相关要求。

③ 制定并实施受安全危害影响的产品的召回措施。

④ 制定对召回产品进行分析和处置的措施。

⑤ 定期演练并验证其有效性。

（3）**应急预案** 农业生产经营主体应识别、确定潜在的产品质量安全事故或紧急情况，预先制定应对的方案和措施。必要时作出响应，以减少产品可能发生安全危害的影响。应急预案的编制应包括以下主要内容：

① 概述。简要说明应急预案主要内容。

② 总则。

（a）适用范围。说明应急预案适用的产品类别和事件类型、级别。

（b）编制依据。简述编制所依据的法律法规、部门规章，以及有关行业管理规定、技术规范和标准。

（c）工作原则。说明本生产经营主体应急工作的原则，内容简明扼要、明确具体。

③ 事件分级。根据可能导致的产品质量安全事件的性质、伤害的严重程度、伤害发生的可能性和涉及范围等因素对产品质量安全事件进行分级。

④ 风险描述。简述本生产经营主体的产品因质量问题可能导致人员物理、化学或生物危害的严重程度和可能性，主要危害类型，可能发生的环节以及可能影响的人群范围、可能产生的社会影响等。

⑤ 组织机构及职责。成立以生产经营主体负责人为组长、相关分管负责人为副组长、相关部门负责人为成员的产品质量安全事件应急领导小组，并明确各组织机构及人员的应急职责和工作任务。

⑥ 监测与预警。

（a）信息监测。确定本生产经营主体产品质量安全事件信息监测方法与程序，建立消费者投诉、政府监管部门、新闻媒体等渠道信息来源与分析等制度，以及信息收集、筛查、研判、预警机制，及时消除产品质量安全隐患。

（b）信息研判。根据获取的产品质量安全事件信息，开展事件信息核实，并对已核实确认的事件信息进行综合研判，确定事件的影响范围及严重程度、事件发展蔓延趋势等。

（c）信息预警。生产经营主体建立健全产品质量安全事件信息预警通报系统，建立产品质量安全事件报告制度，明确责任报告单位和人员、报告程序及要求。

⑦ 应急响应。

（a）响应分级。针对产品质量安全事件导致的危害程度、影响范围和本生产经营主体控制事态的能力，对产品质量安全事件应急响应进行分级，明确分级响应的基本原则。

（b）先期处理。生产经营主体先期派出人员到达事发地后，按照分工立即开展工作。随时报告事件处理情况，并根据需要开展抽样送检等相关工作。

（c）事件调查。

——生产经营主体组织开展事件调查，尽快查明事件原因；

——做好调查、取证工作，评估事态的严重程度及危害性；

——生产经营主体品管部门会同有关部门对事故的性质、类型进行技术鉴定，作出结论。

（d）告知及公告。需要进行忠告性通知时，生产经营主体可选择适宜的方式（如电话、传真、媒体等）发布。

（e）产品召回。实施产品召回，依据产品销售台账，及时对已召回或未销售流通的问题产品实施封存、限制销售等措施。

（f）赔偿。主动向因本生产经营主体产品质量问题导致的受伤害人员进行赔偿，避免事件影响扩大。

（g）后期处理。产品质量安全事件应急处置结束后，生产经营主体应对质量安全事件的处理情况进行总结，分析原因，提出预防措施，提请有关部门追究有关人员责任。

⑧ 保障措施。通信与信息保障、队伍保障、经费保障、物资装备保障和其他保障。

⑨ 应急预案附件。可以包括术语解释、人员联系方式、规范文本、有关协议或备忘录等。

各农业生产经营主体应根据本生产经营主体的具体情况，按照应急预案的基本编制原则，编制符合本生产经营主体的切实可行的应急预案。产品预警反应计划包含在应急预案中的，可以不必单独列出。

2. 质量安全问题产品处置

农业生产经营主体应通过以下一种或几种途径处置质量安全问题产品：

（1）返工　通过调整生产加工设备的工艺参数或条件可达到标准要求的产品，可以通过返工得到安全产品。在质量安全问题产品返工得到纠正后，应对其再次进行验证，以证实其符合质量安全要求。

（2）转作其他安全用途　通过降级或降等的方式，部分食用菌产品可以转作饲料或其他工业原料等。

（3）销毁　含有的质量安全问题不可消除，且无法转作其他安全用途的产品，必须销毁，不可作为追溯产品销售。

3. 应急预案演练示例

×××食用菌产品质量安全追溯应急预案演练

一、演练目的

通过本次食用菌产品质量安全事件应急演练，检验各部门在食用菌产品质量安全出现异常情况下应急处置工作的实际反应能力和运作效果，从而进一步完善产品质量安全应急体系，提高各小组成员处置突发事件的能力。

二、演练依据

《×××食用菌产品质量安全事件应急预案》及国家的相关法律法规。

三、职责

应急小组全面负责、各部门协助。

四、演练事件设置

2023 年 6 月 12 日 10 时，某超市经销商反馈，消费者购买的由我公司生产的×××牌金针菇，包装规格为 250 g/袋，发现霉变现象。现已有 1 人去超市进行退货。

五、演练流程

（一）启动应急预案

1. 应急小组

10 时 10 分，质量安全事件应急小组成员杨××接到通知后，立即向应急小组组长报告此事件。10 时 15 分，应急小组组长韩××得知产品问题后，迅速召开会议进行指挥、部署，启动应急预案，追溯事件原因，并进行妥善处理。

2. 心理安抚小组

10 时 30 分，小组成员马××、刘××及时与消费者取得联系，并对消费者开展思想稳定工作，稳定消费者情绪，耐心解答消费者提出的问题，防止过激行为发生。

3. 现场处置组

组织小组成员对问题批次产品展开调查。10 时 50 分，小组成员李××、朱××到达超市现场，询问消费者有没有食用发霉的金针菇产品等相关情况，并对消费者退货的金针菇产品进行封样留存。经查，消费者尚未进行食用，未对其身体造成伤害。

4. 事故调查组

11 时 20 分，小组成员王××、陈××、张××组成调查组，开始调查此次事件原因。由陈××利用问题产品的追溯码进行网络查询。

5. 后勤服务保障工作组

11 时 40 分，后勤服务保障小组开始对应急赔偿资金、应急车辆等进行调配，保证事件处理所需。11 时 50 分，准备就绪。

各小组在展开各项工作的同时，及时向指挥部通报情况，为组长的决策和下达指挥命令提供信息支持。

（二）网络追溯

11 时 40 分，应急小组成员陈××通过产品追溯码查询得知，问题金针菇产品为 2023 年 6 月 10 日生产，包装规格为 250 g/袋，包装方式为塑封包装，加工班组为×××加工班组，栽培户组为×××农户组。销售日期为 2023 年 6 月 11 日，承运人为赵××，运输方式为汽运，运输车辆车牌号×××××，销售去向为××市×××超市。

随后，将该结果传送一份至调查组。调查组根据追溯结果紧急分析产品的种植、加工过程、时间、地点、相关人员以及采集的数据。

调查组从播种、施肥、用药、加工等所有环节的电子和原始纸质记录进行比对，未发现数据错误、不一致、产品检测数据不合格等问题。

（三）实地调查

调查小组现场调查证实，消费者购买的×××牌金针菇，确系本公司加工生产，追溯码为 088×××××××××08，该批次产品销售于×××超市。超市购入 100 袋，包装规格为 250 g/袋，合计 25 kg。目前，已销售 32 袋。通过进一步查看超市冷库存储环境及库存金针菇产品质量情况，发现冷库湿度较大；同时，测量冷库温度为 -10 ℃，不符合 -18 ℃±2 ℃的储存要求。库存的金针菇产品也已出现不同程度的霉变情况。综合分析，证实事件发生的原因为冷库制冷系统老化导致储存温度没有达到要求，使金针菇产品受潮霉变。

（四）问题处理

12 时 20 分，调查组将调查结果报告应急领导小组。听取汇报后，应急领导小组作出如下决定：委派质量安全事件应急领导小组成员赵××与超市进行对接，对剩余的 68 袋产品进行下架并停止销售，并对同一追溯批次的产品进行召回，对问题产品作出销毁处理。

产品召回：通过电视台发布紧急通告、超市现场挂条幅和超市滚动广播等方式，召回已销售的同追溯码疑似的问题产品。

（五）信息发布

配合监管部门，通过媒体发布整个事件的调查结果，避免引起恐慌。

（六）应急处置总结报告

该事件是由于经销商冷库制冷系统老化故障，致使储存温度没有达到要求，加之存储环境湿度较大，导致金针菇产品发生霉变。在这起事件中暴露了产品销售过程监管不到位、责任意识不强、质量安全体系不够健全、监督措施落实不到位等问题，使产品品牌、企业形象受到影响。已向出现问题的×××超市通告事故原因，并要求超市加强存储环境管理，定期对冷库制冷系统进行检修，并加装温度异常报警系统，避免类似事件的发生。

六、经验总结

（一）应急演练过程中存在的问题

个别部门工作效率低、部门协调性差、程序混乱等问题。

（二）建议

进一步加强领导，切实提高对应急反应工作的认识。进一步加强培训，全面提高应急反应工作水平及能力。

12 时 50 分，应急领导小组组长韩××对应急预案演练进行了点评。

13 时 00 分，整个演习结束。

附 录

NY

中华人民共和国农业行业标准

NY/T 3819—2020

农产品质量安全追溯操作规程
食用菌

Code of practice for quality and safety traceability of agricultural products—
Edible mushroom

2020-11-12 发布

2021-04-01 实施

中华人民共和国农业农村部 发布

前　言

本标准按照 GB/T 1.1—2009 给出的规则起草。

本标准由中华人民共和国农业农村部提出并归口。

本标准起草单位：中国农垦经济发展中心、上海市农产品质量安全中心、农业农村部食品质量监督检验测试中心（上海）。

本标准主要起草人：韩学军、张维谊、韩奕奕、丰东升、陈美莲、杨晓君、朱春燕、王霞、马颖清、陈杨、许冠堂、陈曙、王敏。

农产品质量安全追溯操作规程　食用菌

1　范围

本标准规定了食用菌质量安全追溯术语和定义、要求、追溯码编码、追溯精度、信息采集、信息管理、追溯标识、体系运行自查和质量安全问题处置。

本标准适用于人工栽培的食用菌鲜品及其初级加工品的质量安全追溯操作和管理。

本标准不适用于野生食用菌、食用菌罐头、腌制食用菌、水煮食用菌、食用菌熟食制品、即食食用菌、食药用菌等产品的质量安全追溯操作和管理。

2　规范性引用文件

下列文件对于本文件的应用是必不可少的。凡是注日期的引用文件，仅注日期的版本适用于本文件。凡是不注日期的引用文件，其最新版本（包括所有的修改单）适用于本文件。

GB 7096　食品安全国家标准　食用菌及其制品

GB/T 12728　食用菌术语

NY/T 749　绿色食品　食用菌

NY/T 1761　农产品质量安全追溯操作规程　通则

3　术语和定义

GB 7096、GB/T 12728、NY/T 749 、NY/T 1761 界定的以及下列术语和定义适用于本文件。

3.1

食用菌　edible mushroom

可食用的大型真菌。子实体多数为担子菌，如双孢蘑菇、香菇、平菇、草菇、金针菇、真姬菇、木耳、牛肝菌等。

3.2

食用菌鲜品　fresh edible mushroom

经过挑选或预冷、冷冻和包装的新鲜食用菌产品。

3.3

食用菌初级加工品 primary processed edible mushroom products

以食用菌鲜品为主要原料，通过清洗、挑选、切割、预冷、干燥、粉碎、分级、包装等简单加工处理制成的食用菌产品，包括食用菌干品和食用菌粉。

3.3.1

食用菌干品 dried edible mushroom

以食用菌鲜品为原料，经自然晾晒、热风干燥，冷冻干燥等工艺加工而成的食用菌脱水产品，以及再经压缩成型、切片、粉碎等工艺加工而成的食用菌产品，如压缩食用菌、食用菌干片、食用菌颗粒等。

3.3.2

食用菌粉 edible mushroom powder

以食用菌干品为原料，经研磨、粉碎等工艺加工而成的粉状食用菌产品。

3.4

栽培 cultivation

人工培育食用菌子实体的过程。

3.5

主料 mainsubstrate

以满足食用菌生长发育所需要的碳源为主要目的的原料。多为木质纤维素类的农林副产品，如木屑、玉米芯、棉籽壳、麦秸、稻草等。

3.6

辅料 supplement

以满足食用菌生长发育所需要的有机氮源为主要目的的原料。多为较主料含氮量高的糠、麸、饼肥、鸡粪、大豆粉、玉米粉等。

4 要求

4.1 追溯目标

建立追溯体系的食用菌产品可通过追溯码或生产记录查询到其生产、加工、流通等各环节的质量安全相关信息及责任主体，实现可追溯。

4.2 机构和人员

建立追溯体系的食用菌生产经营主体应有机构或人员负责追溯工作的组织、实施、管理，人员应经相关培训且保持相对稳定。

4.3 设备和软件

建立信息化追溯体系的食用菌生产经营主体应配备必要的信息采集、

传输、读写、标签打印等专用设备及相关软件。

4.4　管理制度

建立追溯体系的食用菌生产经营主体应制定追溯工作规范及产品质量安全控制等相关制度，并组织实施。

5　追溯码编码

按 NY/T 1761 的规定执行。

6　追溯精度

6.1　食用菌鲜品

追溯精度宜确定为产品批次。当追溯精度不能确定为产品批次时，可根据生产实际确定为栽培场所菇房（棚）或生产者（组）。

6.2　食用菌初级加工品

追溯精度宜确定为加工原料批次。

7　信息采集

7.1　信息采集要求

信息采集应真实、及时、规范。信息应以表格形式记录，表格中不应留空项，空项应填"—"；上下栏信息内容相同时不应用省略号"··"，应填"同上"或具体内容；更改方法应采用杠改方式。下一环节的信息中应具有与上一环节信息的唯一性对接的信息，以实现可追溯。

示例：农药使用表中列入通用名、生产企业、产品批次号（或生产日期），能与农药购入记录唯一性对接。

7.2　信息采集点设置

应在食用菌产品生产、加工、检验、包装、储运、销售等环节设置信息采集点。

7.3　信息采集内容

信息采集内容应包括环节信息（名称或代码）、责任信息（信息采集的地点、时间和责任人）及要素信息。要素信息包含但不限于以下内容。

7.3.1　生产环节

7.3.1.1　菌种制备信息：应采集菌种名称、来源、等级等信息。

7.3.1.2　原材料信息：应采集栽培基质（主料、辅料）名称、来源、比例等信息。

7.3.1.3　栽培管理信息：应采集栽培数量、起止日期、菌包培养（时间、

条件）、基质发酵、发菌、出菇管理等信息。

7.3.1.4 投入品管理信息：应采集栽培食用菌所用农药、清洗消毒剂等投入品的购入、使用信息，包括通用名、生产企业、生产许可证号、产品批次号（或生产日期）、采购人、购入日期、有效期、剂型、混配配方、稀释倍数、使用方式、使用量、使用频率和日期、安全间隔期、使用人等信息。

7.3.1.5 环境条件信息：应采集温度、湿度、光照、通风等信息。

7.3.1.6 采收信息：应采集采收时间、地点、采收人等信息。

7.3.1.7 其他信息：包括栽培方式、用水水质、栽培基质（pH、检测）等信息。

7.3.2 加工环节

7.3.2.1 原料

应采集原料食用菌名称、品种、来源、数量、地点、日期、运输车船号、储存温度、湿度、储存起止日期、检验、产品批次，以干品为原料的还应采集处理方式、添加辅料等信息。

7.3.2.2 加工

a) 加工信息：设备名称、加工方式、关键加工参数（如时间、温度、湿度、辐照等）；

b) 添加剂信息：包括通用名、生产企业、生产许可证号、批准文号、产品批次号（或生产日期）、使用时间、用量等；

c) 其他信息：包括食用菌加工用水（深井水及城镇自来水除外）、清洁方式等。

7.3.3 检验环节

应采集追溯码或产品批次号、产品标准、检验结果等信息。

7.3.4 包装环节

应采集追溯码或产品批次号、包装形式、包装材料、产品规格、标签使用记录（追溯码或产品批次号、日期、数量）等信息。

7.3.5 储运环节

应采集追溯码或产品批次号、数量、储存温度、湿度、储存起止日期、运输车船号等信息。

7.3.6 销售环节

应采集追溯码或产品批次号、销售日期、销售量、经销（采购）商、运输车船号等信息。

8　信息管理

8.1　信息审核和录入

信息审核无误后方可录入。

8.2　信息存储

纸质记录及其他形式的记录应由责任人签字确认并及时归档，且采取相应的安全措施备份保存。所有记录和凭证保存期限不得少于产品保质期满后 6 个月；没有明确保质期的，保存期限不得少于 2 年。

8.3　信息传输

上一环节操作结束时应及时将信息传输给下一环节。

8.4　信息查询

食用菌生产经营主体的产品追溯信息应可查询。建立信息化追溯体系的应纳入相应的追溯信息公共查询平台，查询信息应至少包括生产者、产品、产地或加工厂、批次（或生产日期）、产品标准、检验结果等内容。

9　追溯标识

按 NY/T 1761 的规定执行。

10　体系运行自查

按 NY/T 1761 的规定执行。

11　质量安全问题处置

按 NY/T 1761 的规定执行。召回产品应按相关规定处理，召回及处置应有记录。

图书在版编目（CIP）数据

食用菌产品质量追溯实用技术手册 / 中国农垦经济
发展中心组编；秦福增，韩学军主编 . —北京：中国
农业出版社，2023.6
（"助力乡村振兴，引领质量兴农"系列丛书）
ISBN 978 - 7 - 109 - 31066 - 7

Ⅰ.①食… Ⅱ.①中… ②秦… ③韩… Ⅲ.①食用菌
－质量管理体系－中国－技术手册 Ⅳ.①F326.5 - 62

中国国家版本馆 CIP 数据核字（2023）第 170679 号

中国农业出版社出版

地址：北京市朝阳区麦子店街 18 号楼
邮编：100125
责任编辑：刘 伟 胡烨芳
版式设计：杜 然 责任校对：刘丽香
印刷：北京中兴印刷有限公司
版次：2023 年 6 月第 1 版
印次：2023 年 6 月北京第 1 次印刷
发行：新华书店北京发行所
开本：700mm×1000mm 1/16
印张：10
字数：180 千字
定价：63.00 元